诗词文化

有书 编著

天地出版社 | TIANDI PRESS

图书在版编目（CIP）数据

典籍里的中国. 诗词文化 / 有书编著. -- 成都：天地出版社, 2025.7. -- ISBN 978-7-5455-3588-4

Ⅰ.K203

中国国家版本馆CIP数据核字第2025AC6691号

DIANJI LI DE ZHONGGUO·SHICI WENHUA

典籍里的中国·诗词文化

出 品 人	杨　政
编　　著	有　书
责任编辑	杨　露
责任校对	张思秋
封面设计	刘　洋
内文排版	谢　彬
责任印制	王学锋

出版发行	天地出版社 （成都市锦江区三色路238号　邮政编码：610023） （北京市方庄芳群园3区3号　邮政编码：100078）
网　　址	http://www.tiandiph.com
电子邮箱	tianditg@163.com
经　　销	新华文轩出版传媒股份有限公司
印　　刷	河北鑫玉鸿程印刷有限公司
版　　次	2025年7月第1版
印　　次	2025年7月第1次印刷
开　　本	710mm×1000mm　1/16
印　　张	9.75
字　　数	113千字
定　　价	32.00元
书　　号	ISBN 978-7-5455-3588-4

版权所有◆违者必究

咨询电话：（028）86361282（总编室）

购书热线：（010）67693207（营销中心）

如有印装错误，请与本社联系调换。

序

中华典籍浩如烟海，传承了中国历史与文化，蕴含了先民智慧与警示。打开这套《典籍里的中国》，你将感受到中华民族五千多年的底蕴和力量。

你会在《山海经》《竹书纪年》《周礼》《淮南子》《论衡》等典籍中看到凤凰居住的地方、周穆王和西王母会面、掌管四季的神明、彭祖长寿的秘密，这是一次想象力的探险，是对世界最初的好奇与探索；会在《左传》《列子》《吕氏春秋》《战国策》等典籍中了解同舟共济、管鲍之交、破釜沉舟的典故，以及邯郸学步、郑人买履、滥竽充数的寓言，这些故事充满智慧，字字珠玑；也会在《诗经》《楚辞》《乐府诗集》《全唐诗》等典籍中看到屈原、李白吟诗作对，仿佛参与诗词诞生的过程，领略韵律之美、意境之美、情感之美；还会在《礼记》《世说新语》《昭明文选》《古文观止》等典籍中发现令人赞叹的思想和文采，这里汇聚了深刻的人生哲理，为你的人生指明方向。

在这里，我们将从典籍中的神话、典故、诗词、古文中认识中国、了解中国，并汲取其中的智慧，创造未来的中国。

目 录

《诗经》
中国最早的一部诗歌总集

无衣 / 003
木瓜 / 009

《楚辞》
第一部浪漫主义诗歌总集

离骚（节选）/ 017

《乐府诗集》
现存收录乐府歌辞最完备的诗集

长歌行 / 025
敕勒歌 / 030

《文选》
太子甄选的诗文总集

涉江采芙蓉 / 037

《全唐诗》
收录唐代诗歌最全的总集

送杜少府之任蜀州 / 045
回乡偶书 / 051
望月怀远 / 056
出塞 / 062
凉州词 / 068
鸟鸣涧 / 076
登金陵凤凰台 / 082
闻官军收河南河北 / 089
钱塘湖春行 / 096
泊秦淮 / 102

《宋六十名家词》
现存刻印最早的宋词总集

雨霖铃·寒蝉凄切 / 111

浣溪沙·一曲新词酒一杯 / 118

江城子·密州出猎 / 123

永遇乐·京口北固亭怀古 / 129

卜算子·咏梅 / 135

《乐府雅词》
现存最早的宋人编选的宋词总集

如梦令·常记溪亭日暮 / 143

《诗经》

中国最早的一部诗歌总集

关于作品

《诗经》：我国第一部诗歌总集，原本只称为《诗》，后来被尊为儒家经典，始称《诗经》。它编成于春秋时代，收录了从西周初年到春秋中叶大约五百年间的诗歌，共计三百零五篇。根据内容不同，《诗经》分为"风""雅""颂"三大类。其中《风》包括十五国风，《雅》分为《大雅》和《小雅》，《颂》则包括《周颂》《鲁颂》和《商颂》。诗篇形式以四言为主，运用赋、比、兴的手法。

《诗经》对中国两千多年的文学发展产生了深远的影响，极具文学价值和史学价值。

关于作者

相传《诗经》是由周王室派专人搜集的。这些人称"行人"或"遒（qiú）人"，搜集这一行为被称为"采风"。

无衣

岂曰无衣？与子同袍。
王于兴师，修我戈矛，与子同仇。

（选自《诗经·秦风》）

"袍泽"的意思是战袍与汗衣，常用来代指军中同伴之间的亲密关系，人们后来将战友情称为"袍泽之谊"。而这个词的溯源与《无衣》这首诗紧密相关。

关于《无衣》的背景故事，在《左传》中记载是这样的：

在春秋时期，吴王阖（hé）闾（lǘ）在能臣伍子胥的辅佐下，联合周边诸侯国攻打楚国。楚国都城被攻陷后，楚国的大臣申包胥前往秦国求援，希望秦国能够伸出援手救助楚国。申包胥在秦国宫门外靠着院墙号啕大哭，日夜不停，七天之中未喝一口水，其赤诚与执着深深感动了秦哀公。于是，秦哀公答应了楚国大臣申包胥的请求，并写下这首《无衣》，征召秦民从军，一起救楚抗吴。

无衣
《诗经·秦风》

岂曰无衣？与子同袍。
王于兴师，修我戈矛，与子同仇。

岂曰无衣？与子同泽。
王于兴师，修我矛戟（jǐ），与子偕（xié）作。

岂曰无衣？与子同裳。
王于兴师，修我甲兵，与子偕行。

谁说没有衣服穿？与你同穿战袍。
王要发兵交战，修整我的戈和矛，与你一起对敌。
谁说没有衣服穿？与你同穿汗衣。
王要发兵交战，修整我的矛和戟，与你一同奋起作战。
谁说没有衣服穿？与你同穿战裙。
王要发兵交战，修整铠甲和兵器，与你共前进。

第一句以反问句开篇，语气激昂，仿佛是战士之间的相互质问和安慰。"与子同袍"则直接表明了战友之间的亲密关系，愿意同穿一件战袍，体现出在物资匮乏的情况下，战士们毫不计较个人得失，一心只想共同面对敌人。这种情谊在战争环境中显得尤为珍贵。

第三至五句，"王于兴师"指出是君王发动了战争，战士们毫不犹豫地响应号召。"修我戈矛"生动地描绘了战士们积极准备武器的场景，展现出他们的战斗意志。"与子同仇"则将这种意志进一步升华，表明他们不仅是为了个人而战，更是为国抗击共同的仇敌，有着一致的目标。这种同仇敌忾的精神是秦国军队强大战斗力的重要体现。

第七句中的"泽"指汗衣、贴身的内衣，比"袍"更加贴身，意味着战士们的关系更加亲密无间，彼此愿意共享一切。这种表达在情感上更加深入，进一步强调了战士们在战争中的团结互助精神。

第八至十句，"修我矛戟"描写战士们准备武器的场景，"与子偕作"体现出他们要一起行动、并肩作战的坚定决心。从"同仇"到"偕作"，可以看出诗的情感在逐步递进，从思想上的统一到行动上的一致，展现出一支训练有素、士气高昂的军队形象。

第十二句中的"裳"是下衣，再一次强调了战士们不分彼此的情谊。通过三次"岂曰无衣"的反复吟唱，诗的情感达到了高潮，让读者深刻感受到战士们之间那种深厚的、生死与共的情感。

第十三至十五句，"修我甲兵"描绘了战士们全方位地修整盔甲和兵器，做好战斗的充分准备。"与子偕行"则展现出他们毫无畏惧、共同奔赴战场的豪迈气概。整首诗在这种高昂的情绪中结束，给人留下深刻的印象。

诗中采用了重章叠句的手法，每一章的句式基本相同，只是在个别字词上有所变化。这种结构使诗歌具有强烈的节奏感和音乐性，便于吟唱和记忆。同时，通过反复吟唱，强化了诗歌的主题，让团结抗敌的精神更加深入人心。

还有一种说法认为这首《无衣》创作于秦襄公七年（公元前771年）。在此之前，秦国只是周朝的一个附属小国，封地不足五十里，地位卑微，经常受附近的西戎国的欺凌。西戎曾杀死了秦襄公的祖父，因此秦国和西戎有着极深的世仇。

到秦襄公七年，西戎攻打并侵略了周王朝，秦襄公率兵前去营救，作战勇猛，立下战功。周平王就许诺秦襄公："如果秦国能赶走西戎，那么西戎的土地就归秦国，还能让秦国成为诸侯国。"为了报仇雪恨，为了国家的未来，秦国必须赢得这一场战争，将西戎赶走。

尽管西戎部队强悍，想要赶走他们有着重重困难，但秦国的将士们并没有被困难击倒。他们选择了团结一致，共同抵抗外敌的侵略。他们高唱着这首《无衣》，以整齐划一的步伐，坚定地走向了战场。

这首诗的每一句都充满了力量和勇气，展现了战士们之间的深厚友谊和共同抗敌的决心。他们互相扶持，共同面对困难和危险，无比团结，无惧生死。

在战争中，这些青年们不畏强敌，不怕牺牲，用生命捍卫着国家的尊严和人民的安宁。在这首诗的激励下，秦国最终取得了胜利，从一个小小的附属国一跃成为诸侯国。这首诗激励了一代又一代的秦国人不断奋勇向前，使秦国越来越强大，最终一统天下。

至今，当我们唱起这首《无衣》时，仍然能够感受到那种激昂慷慨、同仇敌忾（kài）的英雄气概和爱国主义精神。它不仅是一首反映古代秦国人精神的诗歌，更是一种激励我们勇往直前、团结奋斗的精神力量。

思考与启示

《无衣》中反复强调"与子同袍""与子同泽""与子同裳",告诉我们在面对困难时,人们应当摒弃个人利益的考量,团结在一起。这种团结协作的精神启示我们,在生活中,无论是遭遇自然灾害,还是社会危机,只要大家齐心协力,就能汇聚强大的力量来共克时艰。例如,在抗洪救灾或者抗震救灾的过程中,来自不同地区的救援队伍和志愿者们就像诗中的战士一样,他们相互配合、共享资源,为拯救生命和重建家园而努力。

拓展阅读

古代军中鼓舞士气的方法

在古代,主要是冷兵器交战,因此鼓舞士气非常重要。在中国古代兵书《六韬》中就有一篇专门探讨励军(即鼓舞军心士气)的文章。文章从周武王的提问开始:"吾欲令三军之众,攻城争先登,野战争先赴,闻金声而怒,闻鼓声而喜,为之奈何?"姜太公从"礼""力""止欲"三个方面要求君主以身作则。由此可看出,古人对鼓舞士气之看重。

古人在出征前鼓舞士气的方法很多，有武舞，像巴渝舞、干戚舞等，这些舞蹈在战前祭祀大典上表演，以鼓舞士气；还有出塞曲等音乐，比如《无衣》就被一些人视为出塞曲的先河；唐代王昌龄的《出塞》也会配乐吟唱，唤起将士们的爱国情怀；此外，唐代大型乐舞《破阵乐》就是李世民（当时还是秦王）在征伐四方时，军中传唱的歌曲。常用来鼓舞士气的乐器有鼓和錞（chún），这两种乐器常常一起配合使用。

在战争中，如果战局处于胶着状态，士气往往会低迷。此时，军事领导者需要想办法鼓舞士气。比如，关于曹操的"望梅止渴"的故事：在士兵们缺少水源的情况下，曹操谎称前方有梅林以激励士兵前行。又比如管仲在领兵出征时，遇到道路崎岖的高山，战车行进十分困难，士兵们情绪低落，他便现场编《上山歌》和《下山歌》来激励行军。

在战争获得胜利后，会有歌唱胜利和嘉奖性的凯歌。比如《周礼·夏官·大司马》中记载："若师有功，则左执律，右秉钺（yuè）以先，恺乐献于社。"这里描述了战争胜利后，军事领导者手执律管（代表军法）和斧钺（代表军权），奏响庆祝胜利的军乐献于土地之神的仪式。

木瓜

> 投我以木瓜，报之以琼（qióng）琚（jū）。匪报也，永以为好也。
>
> （选自《诗经·卫风》）

公元前660年，北狄进攻卫国。当时的卫国国君卫懿公喜好淫乐，沉迷于养鹤，不理国政，导致臣民怨恨。听闻北狄来攻，卫懿公虽然率军出征，但老百姓纷纷说："让鹤去打仗吧！鹤有车子坐，鹤有官禄，我们哪里能打仗！"狄人到后，在荥泽追上了卫懿公，并把他杀害。

狄兵进而进攻都城朝歌，卫国大臣石祁子、甯（nìng）庄子带领卫国宫眷及百姓弃城而走，狄人乘胜入城，将卫国府库劫掠一空，城中被杀害的男女百姓不可胜数，卫国因此灭亡。

石祁子等人抵达曹邑后，经过清点，发现随行人数仅剩七百余人，加上共地、滕地的百姓，共计五千人。他们在曹邑重新建立庐舍，并扶立公子申为国君，即为卫戴公。但卫戴公先前已有疾病，即位仅数天就逝世了。

齐桓公派公子无亏率车三百乘护送流亡在齐国的卫戴公之弟公子毁归国,并以车马器服等物相赠。公子毁回国后,卫国得以复国。

齐桓公因先前未及时救援卫国致其城破君亡而深感懊悔。后来,齐桓公与管仲商议,准备召集周边各诸侯,一起帮助卫国重新择地筑城。

公元前659年正月,公子毁正式即位为卫文公。齐桓公率领各诸侯,带着筑城工具,赶往卫文公所在的曹邑。卫文公表示已觅得新地楚丘作为都城,但筑城所需的资费,卫国无力筹办。

齐桓公听完,表示此事由他负责,于是在楚丘帮助卫国建造了新都城,使卫国宗庙得以重立。

齐桓公对卫国的再造之恩,让卫人十分感激。于是,卫人创作了《诗经·木瓜》一诗来赞美齐桓公。

木瓜
《诗经·卫风》

投我以木瓜,报之以琼琚。匪报也,永以为好也。
投我以木桃,报之以琼瑶。匪报也,永以为好也。
投我以木李,报之以琼玖(jiǔ)。匪报也,永以为好也。

你赠予我木瓜,我拿琼琚回报你。不是为了回报,而是珍视我们的情谊,想与你永远交好。

你赠予我木桃，我拿琼瑶回报你。不是为了回报，而是珍视我们的情谊，想与你永远交好。

　　你赠予我木李，我拿琼玖回报你。不是为了回报，而是珍视我们的情谊，想与你永远交好。

　　第一句描绘出对方主动赠予木瓜的场景，给人一种质朴、纯真的感觉。仿佛能看到那个赠送木瓜的人带着真挚的情感，将这份礼物递到对方手中。"木瓜"作为一种常见的果实，在这里象征着一种平凡而又真挚的情谊，它可能源于日常生活中的一个小小举动，却蕴含着送礼者的一片真心。

　　收到木瓜后，这边以珍贵的琼琚作为回礼，与普通的木瓜形成了鲜明的对比。这种对比不仅体现了回礼的贵重，更突出了对对方情谊的珍视。用珍贵的琼琚来回应对方的木瓜，说明对方的情谊无比珍贵，值得用最好的东西来回应。

　　"匪报也，永以为好也"，这两句强调回赠礼物并非仅仅是一种物质上的报答，而是希望通过这种方式与对方永远交好。"匪报也"否定了单纯的物质交换关系，突出了情感交流的重要性；"永以为好也"则明确表达了"我"对这份情谊的美好期许，希望与对方建立一种长久、深厚、真挚的关系，展现了对这份情感的重视与向往。

　　后面的"木桃""琼瑶""木李""琼玖"表示无论对方赠送的礼物价值如何，都愿意用最珍贵的东西来回应。这种不对等的物质交换，更加凸显了情感在双方关系中的核心地位，体现了重情重义的精神。这种坚定不移的情感表达，使诗歌所传达的情谊更加令人感动。

思考与启示

在生活中,无论别人给予的帮助或表达的情谊是大是小,都应该怀着感恩之心去对待。日常生活中,朋友的一句安慰、同学的一次援手,虽然可能是很平常的举动,但都值得我们珍惜。同时,我们的回报不仅仅是物质上的回赠,更是一种情感的回应。当受到他人的关怀和帮助时,我们应该积极地给予反馈,让对方知道我们对他们的善意是感激的。这种回报可以加深彼此之间的感情,促进良好人际关系的形成。

古人送礼的讲究

"礼尚往来。往而不来,非礼也。"这话出自西汉戴圣的《礼记·曲礼》,意思是:在礼节上应该有来有往。只有往而无来,则不符合礼的规定。

中国作为礼仪之邦,人与人交往讲究"投桃报李"。值得注意的是,礼物本身的价值不是最重要的,最重要的是要懂得礼仪,这样为人处世才不会失掉分寸。

古人送礼物一般会选择富有道德隐喻的东西。据《仪礼·士相见礼》记载，士与士初次见面，需要带见面的礼物，叫作"贽（zhì）"。

如果对方辞谢，客人会说："不以贽，不敢见尊者。"意为不带着礼物，怎么敢来见自己所尊敬的人呢？

士人们带的礼物，冬天为野鸡，夏天为风干的野鸡肉。为什么会选择野鸡作为见面礼呢？

东汉班固等编撰的《白虎通义》中记载，"士以雉为贽者，取其不可诱之以食，慑之以威，必死不可生畜，士行威介，守节死义，不当移转也。"大意是野鸡被人包围、无法逃脱时，既不会惧怕人的恐吓，也不吃诱饵，宁愿饿死，所以人很难抓到活的野鸡。古人借此表达彼此要用"守节死义"的精神相互砥砺。

《礼记·曲礼》中说："往而不来，非礼也。"接受对方的礼物而不回礼，就会有贪图对方财物之嫌。

《仪礼·士相见礼》中也有记载，士甲拜见士乙时带去的礼物是一只野鸡，当士乙回访士甲时，也会携带礼物去，而带的礼物也是一只野鸡。

为什么会还回去一样的东西呢？这其实是古人对待送礼的一种高明的处理方式。如果收到一份礼物，势必需要再准备一份价值相当的礼物回赠对方。这样一来一往，若过分关注礼物的价值高低，容易助长攀比、贪腐、贿赂等不良风气，因此，古人设定了"还礼"的礼节。

比如先秦时期，各诸侯之间相见机会较少，长久下去彼此间的感情可能会变得淡漠，容易引发矛盾冲突。因此，他们需要常派使者互相访问以维系关系。使者一般会带国礼，如圭、璋之类的玉器作为礼物前往。

在使者即将归国的时候，又会举行"还玉"的礼仪，即将先前收下的圭、璋等玉器，原封不动地归还给使者，让其带回自己的国家。这也是国君们所树立的礼节模范。

彼此若仅为利而交，迟早会因利尽而散；但如果为义而交，则更能长久。这些礼节都反映了中华民族传统的人文精神。

送礼是一种传统礼仪，通常用来表达感激之情或增强彼此的感情，而非出于获取利益的目的。所以一定要明确的是，送礼与行贿截然不同，后者通常与权钱交易、利益分配等有关，是古往今来都被明令禁止的行为。

《楚辞》

第一部浪漫主义诗歌总集

关于作品

《楚辞》：西汉刘向将战国时期楚国屈原、宋玉等人的作品编辑成集，定名为"楚辞"。它是中国文学史上第一部浪漫主义诗歌总集，并成为继《诗经》之后，对后世诗歌具有深远影响的一部重要诗歌总集。这些作品运用楚地的诗歌形式，多采用楚国民间的口语和方言，描写楚地风土人情，具有浓郁的地方色彩，因此得名"楚辞"。又因为屈原最有代表性的作品是《离骚》，后人又将这种诗体称为"骚体"。

关于作者

刘向（约前77—前6）：本名更生，字子政，沛（今江苏沛县）人。西汉经学家、文学家、目录学家。他曾校阅群书，撰成《别录》，在目录学领域有卓越的贡献，因此被称为"目录学鼻祖"。

离骚（节选）

长太息以掩涕兮，哀民生之多艰。

（选自《楚辞》）

每年农历五月初五是端午节。这一天，人们会吃粽子、赛龙舟，以纪念一位伟大的历史人物——屈原。

屈原名平，字原，生活在两千多年前的战国时期，他出生于楚国的贵族家庭，从小接受良好的教育，长大后才华横溢、博学多闻。

战国时期战乱频发，屈原对当时的战争局势有透彻的认知。他认为，虽然楚国是战国七雄之一，但秦国日渐强大。楚国想要获得长久发展，对内需要改革，任用贤能之人，修改法令；对外需要与其他诸侯国联合，共同对抗秦国。

楚怀王一开始十分信任屈原，让他担任左徒一职，常参与商议国家大事、颁发命令、接待宾客、应对诸侯等事务，还让他负责起草楚国的法令，着手进行改革。在屈原的辅佐下，楚国国力有了很大提升，引得其他诸侯国纷纷效仿。当时，屈原对楚怀王充满了感激，二人关系甚笃。屈原在《九歌·少司命》中的"悲莫悲兮生别离,乐莫乐兮新相知"一句,充分表达了他与楚怀王相知相惜的愉悦心情。

但是,屈原的改革触动了楚国贵族的利益,因此遭到上官大夫等旧贵族的诬陷。上官大夫向楚怀王进谗言,称屈原起草法令时自命不凡,导致楚怀王对屈原心生嫌隙,渐渐疏远了他,还削去了他的左徒职务。

屈原知道这件事情后感到非常痛心,他没想到楚怀王因为小人谗言而不能分辨是非,被谄媚之徒所蒙蔽,让邪恶伤害了公道,正直的人不被朝廷所容。

在这种忧愁苦闷的心情下,屈原写了这篇《离骚》。

离骚(节选)
[战国]屈原

帝高阳之苗裔兮,朕皇考曰伯庸。

摄提贞于孟陬(zōu)兮,惟庚寅吾以降。

皇览揆(kuí)余初度兮,肇(zhào)锡余以嘉名。

名余曰正则兮,字余曰灵均。

纷吾既有此内美兮,又重之以修能。

扈(hù)江离与辟芷兮,纫(rèn)秋兰以为佩。

汩(gǔ)余若将不及兮,恐年岁之不吾与。

朝搴(qiān)阰之木兰兮,夕揽洲之宿莽。

日月忽其不淹兮,春与秋其代序。

惟草木之零落兮，恐美人之迟暮。
不抚壮而弃秽兮，何不改乎此度？
乘骐骥以驰骋兮，来吾道夫先路！

我是古帝高阳氏的子孙啊，我已故的父亲名叫伯庸。
岁星在寅那年的孟春月啊，正当庚寅日我降生人间。
父亲仔细揣测我的生辰，于是赐给我相应的美名。
父亲把我的名取为正则，同时把我的字叫作灵均。
我拥有如此多的内在美好品质啊，又兼具卓越的才能。
我把江离、芷草披在肩上，把秋兰编成佩饰挂身上。
时光像流水一样迅速消逝，我总担心岁月不待人。
早晨，我在山坡上采摘木兰，傍晚在小洲中摘取宿莽。
太阳与月亮匆匆交替不会停留，春天和秋天依次更迭。
想到草木不断地在飘零凋谢，我唯恐美人也会衰老。
为什么不把握壮年而摒弃秽恶的行径呢？为何不改变这种不良的法度？
我愿乘上骏马纵横驰骋啊，请跟我来吧，我愿在前面为你引路！

这是屈原的"牢骚"，全篇以自述身世、遭遇、心志为中心。节选的这部分内容反复倾诉他对楚国命运的关怀，表达他要求革新政治的愿望，以及坚持理想、即使遭遇灾厄也绝不与邪恶势力妥协的意志。

开篇第一至四句，屈原就表明自己高贵的出身，这体现了他对自己身世的重视和自豪。这样的叙述方式，为下文抒发自己的政治抱负和遭遇挫折后的悲愤奠定了基础。

第五至八句通过名字的由来，进一步强调自己内在品质的高尚，同时也流露出对父亲期望的铭记，表达出一种自我认同和对美好品质的坚守。这也暗示了他明确自身肩负的责任，为后文展现他坚守理想、不同流合污的精神埋下伏笔。

第九至十二句屈原说自己不仅有先天的内在美质，还有后天培养的才能。他运用比喻和象征的手法，用江离、芷草、秋兰等香草来比喻美好的品德和才能。他把这些香草披挂在身上，就像把美好的品质和才能加诸自身一样，展现出他对自身修养的重视和对美好事物的追求。这种以香草自喻的写法，是《离骚》的一大特色，它使得抽象的品德具象化，增强了诗歌的美感和表现力。

第十三至十六句屈原表达了时光匆匆，自己唯恐赶不上时光的脚步，不能及时实现抱负的急切心情。他用互文的手法描绘了自己从早到晚都在采集香草，这象征着他对美好、高洁品质的不懈追求，希望在有限的时间内让自己更加完美以更好地施展抱负。这体现出他积极进取的精神和对时光的珍惜。

第十七至二十句屈原以自然景象的变化起兴，引发对人事兴衰的思考。他通过草木零落的景象，与美人迟暮相联系，巧妙地将自然规律与国家命运、君主作为联系起来，表达出他对楚国命运的深切担忧。这体现了屈原心系国家的爱国情怀。

第二十一至二十四句屈原劝说楚怀王趁着年富力强，抛弃秽政，改变法度。他把自己比作引导前路的人，以骐骥比喻贤能之士，希望楚怀王能够任用贤能，和自己一起为楚国的兴盛而奔走。这几句诗体现了屈原积极的政治态度和对楚国改革的渴望,展现了他的政治抱负和担当精神,同时也表达出他对楚怀王的忠诚和期望。

然而,屈原还是被一贬再贬,最终被流放。几年后,楚怀王被秦兵掳去,客死秦国。楚顷襄王继位后,对秦执行投降政策。屈原作《哀郢》以表悲愤之情。顷襄王三年(前296年),秦楚绝交,屈原回到朝廷,但后来因反对楚顷襄王与秦联姻,并指斥子兰对怀王之死负有责任。子兰指使上官大夫在顷襄王面前造谣诋毁屈原,屈原再次被流放至沅、湘一带。

公元前278年,秦军攻克楚国郢都,楚顷襄王出逃。屈原得知郢都沦陷,深感国家前途无望,个人理想破灭。在写完《怀沙》后,于旧历五月初五怀石自沉汨(mì)罗江。

 思考与启示

屈原在面对邪恶势力的诱惑和打压时,始终坚守自己的原则和底线,不与世俗同流合污。这启示我们在生活中也要有自己的原则和底线,不应为了一时的利益而违背自己的良心。在面对各种选择时,要坚守正义,做出正确的抉择。但在遇到不公平的事情时,我们应去寻找合理的解决方法,而不是伤害自己。

世界上最长的诗

  《离骚》是中国古代最长的抒情诗之一，全诗三百七十三句，两千四百多字。《孔雀东南飞》是中国古代最长的叙事诗，全诗三百五十多句，一千七百多字，讲述东汉末年庐江小吏焦仲卿和妻子刘兰芝因受家长威压而双双自杀殉情的悲剧。

  叙事诗中有一种类型称为史诗，以重大历史事件或古代传说为内容，塑造英雄形象。欧洲史诗以古希腊最为丰富，代表作有《奥德赛》和《伊利亚特》，前者有一万两千多行，后者有一万五千多行。

  我国也有长篇史诗巨作，且主要集中于少数民族的创作中。比如蒙古族英雄叙事诗《江格尔》，长约二十万行；柯尔克孜族民间英雄史诗《玛纳斯》，二十三万余行；最长的当属藏族长篇英雄史诗《格萨尔王传》，它是目前所知的世界上最长的史诗，有一百多万诗行，两千多万字。

《乐府诗集》

现存收录乐府歌辞最完备的诗集

关于作品

《乐府诗集》：全书一百卷，分十二大类，有郊庙歌辞、燕射歌辞、鼓吹曲辞、横吹曲辞、相和歌辞、清商曲辞、舞曲歌辞、琴曲歌辞、杂曲歌辞、近代曲辞、杂歌谣辞、新乐府辞。收录了汉魏至唐五代的乐府歌辞，兼及先秦至唐末歌谣。

它是收集历代各种乐府诗最为完备的重要典籍。是一部总括中国古代乐府歌辞的汉族诗歌总集，亦是现存收录乐府歌辞最完备的一部诗集。其内容广泛，反映了较大的社会生活层面。

关于作者

郭茂倩（1041—1099）：郓州须城（今山东东平）人，元丰间任河南府法曹参军。

长歌行

> 少壮不努力，老大徒伤悲！
>
> （选自《乐府诗集·相和歌辞》）

乐府最早是国家设立的音乐官署，从秦朝时开始建立，一直到西汉惠帝时期，都设有乐府令一职。

汉武帝时期，乐府的发展规模达到最大，其职责包括掌管朝会宴飨（xiǎng）、道路游行时所用的音乐，同时还负责采集民间诗歌和乐曲。

早在郭茂倩之前，已经有不少关于汉乐府诗的整理文集。比如，《汉书·礼乐志》中就著录了部分汉代郊庙乐歌，而《宋书·乐志》中也收录了不少汉乐府诗。

北宋是一个重视文化发展的朝代，文人积极参与文学作品的整理和创作，大规模汇编前代诗文作品蔚然成风。郭茂倩从小生活在文人家庭，在阅读了大量相关书籍后，对汉乐府和音律产生了浓厚的兴趣，并进行了深入研究。在此基础上，他编撰了《乐府诗集》。

《乐府诗集》·现存收录乐府歌辞最完备的诗集

《乐府诗集》搜集广泛，内容丰富，其中包括被誉为"乐府双璧"的《孔雀东南飞》和《木兰诗》，还有一些具有教化功能的诗歌，比如《长歌行》。

长歌行
汉乐府

青青园中葵，朝露待日晞。
阳春布德泽，万物生光辉。
常恐秋节至，焜（kūn）黄华叶衰。
百川东到海，何时复西归？
少壮不努力，老大徒伤悲！

园中的葵菜郁郁葱葱，晶莹的朝露等待阳光蒸干。
春天把希望洒满了大地，万物都呈现出一派生机盎然的景象。
常恐那肃杀的秋天来到，树叶黄落，百草也凋零。
百川奔腾着向东流入大海，何时才能重新返回西境？
年轻力壮的时候不奋发图强，到老来悲伤也没用了。

第一、二句描绘了一幅清晨园中的画面，葵菜上挂满了晶莹的朝露，它们在等待着太阳升起后被蒸发。从自然景象的角度看，这是很常见的田园景象，但其中蕴含着深刻的寓意。朝露等待阳光的过程，就像人生中美好的事物在时光中短暂停留，为下文对时光易逝的感慨做了铺垫。

第三、四句不仅描绘的是春天的美景,更是象征着青春年少时期的美好。青春就像春天一样,充满了活力和希望,是人生中接受各种滋养、茁壮成长的阶段。同时,它也暗示着这种美好是稍纵即逝的,需要珍惜。

第五、六句诗人通过对季节更替的担忧,深刻地表达了对时光流逝的恐惧。这种情感是人类共有的,人们总是在美好时光中害怕它消逝,就像害怕青春年少的美好一去不复返,担心生命的活力会如同秋天的草木一样逐渐凋零。

第七、八句用反问句进一步强调了时光的不可逆性。河流不可能倒流,就像时光不可能倒回一样,让读者更加深刻地感受到时光匆匆、一去不返的无奈。

第九、十句是全诗的主旨句,以简洁有力的语言传递了一种积极向上的人生哲理。它跨越了时代,至今仍然具有深刻的教育意义,激励着人们在青春年少时要勤奋学习、积极进取,以免岁月蹉跎,追悔莫及。

思考与启示

诗中"少壮不努力,老大徒伤悲"这句千古名句警示我们,在有限的生命里应该充分认识到时间的宝贵,珍惜每一分每一秒。无论是在学习还是生活中,都要合理安排时间,提高效率,避免虚度光阴。尤其是在青少年时期,这是人生最有活力、最具创造力的阶段,我们应该抓住这个时机,努力学习新知识、掌握新技能,为未来的发展打下坚实的基础。不要因为懒惰、贪玩或犹豫不决而浪费大好时光。

原产于中国的蔬菜

"青青园中葵,朝露待日晞"中的"葵"在中国有着悠久的种植历史。《诗经》中有"七月亨葵及菽"的诗句,《尔雅翼》一书中写道:"葵为百菜之主,味尤甘滑。"强调了葵菜在蔬菜中的重要地位以及它甘甜爽滑的口感。《齐民要术》更是把《种葵》作为蔬菜栽培技术的第一篇,详细讲述了葵的栽培技术。

除葵菜之外，韭菜也是中国本土古老的蔬菜之一，其种植历史可以追溯到先秦时期。《诗经·豳（bīn）风·七月》提到"四之日其蚤，献羔祭韭"，这说明了韭菜在古代祭祀仪式中占有重要地位，体现了韭菜在古代人们生活中的重要性。

荠菜多生长于田野、路边等地，是一种常见的野菜。古代文人也多有对荠菜的记载，如辛弃疾的"城中桃李愁风雨，春在溪头荠菜花"，描绘了荠菜在溪边生长的景象；陆游的《食荠》也曾写"日日思归饱蕨薇，春来荠美忽忘归"。

竹笋也是中国本土蔬菜。中国是世界上产竹最多的国家之一，也是最早食用竹笋的国家。《周礼》中就有"加豆之实，笋菹（zū）鱼醢（hǎi）"的记载，说明当时竹笋已经被用于制作菜肴。

菘菜是白菜的古称，在魏晋时期就已经有关于菘菜的记载。它在古代蔬菜中占有重要地位。范成大在《四时田园杂兴》中写过"拨雪挑来踏地菘，味如蜜藕更肥浓"。菘菜适应性强，产量高，因此成了古代百姓餐桌上的常见菜。

敕勒歌

> 天苍苍,野茫茫,风吹草低见(xiàn)牛羊。
>
> (选自《乐府诗集·杂歌谣辞》)

公元四到六世纪,中国北方大部分地区处在鲜卑、匈奴等少数民族的统治之下,先后建立了北魏、东魏、西魏、北齐、北周等政权,历史上称为"北朝"。《敕勒歌》原是一首鲜卑语的民歌,是北朝游牧民族的经典之作,描绘了北方草原苍茫辽阔的景色。在这首歌的背后,还隐藏着一个惊心动魄的历史故事。

在南北朝时期,政权林立,局势动荡不安。东魏和西魏割据一方,相互对峙。公元546年,东魏的权臣高欢率领十万大军南下攻打西魏的玉璧城。然而玉璧城地势险要,城防坚固,西魏的守将韦孝宽指挥得当,战术精妙,一次次击退了东魏的进攻。虽然东魏人数众多,却始终无法攻克玉璧城,而且东魏军队伤亡惨重,最终伤亡人数达七万人之多。

高欢不得不撤军,但在撤军途中,高欢不慎染病。军中顿时谣言四起，说高欢被西魏的弩箭射中，生命垂危。对于东魏军队来说，高欢是军队中的主帅，一旦主帅倒下，军队的士气将彻底崩溃。谣言在东魏军队中广泛传播，一时间军心大乱。

在这样的危急时刻，高欢意识到必须想办法稳定军心。于是，高欢决定强撑病体，在营帐内设宴，宴请众将领。

在宴会开始之前，高欢给他非常信任的部将斛（hú）律金布置了一个特别的任务。

"啊？将军让我在宴会上唱一首歌？"斛律金很是不解。

"这次战争，我们损伤惨重，军中又有关于我中箭的谣言，大家需要安慰。"高欢这么说道。

斛律金想了想，说："我知道了。"

用一首歌来安慰人心，这能做到吗？宴会那天，斛律金在高欢的示意下站起来，用他那雄浑而富有磁性的嗓音唱起了这首《敕勒歌》。

敕勒歌
北朝民歌

敕勒川，阴山下，
天似穹（qióng）庐，笼盖四野。
天苍苍，野茫茫，
风吹草低见牛羊。

辽阔的敕勒平原，就在阴山脚下。

天空如同毡制的圆顶帐篷，笼罩着草原的四面八方。

天空湛蓝，草原辽阔无边。

一阵风吹过，牧草低伏，显露出原来隐没于草丛中的牛羊。

第一、二句勾勒出当时敕勒族生活的大环境，在广阔的敕勒川上，背靠雄伟的阴山山脉。从画面感来说，这就像一幅画卷徐徐展开，先给人展示出一片辽阔的土地，远处是连绵的山脉，为后文对于天空和草原的描写做了铺垫，也体现出敕勒族生存空间的广大。

第三、四句把天空比作游牧民族居住的圆顶帐篷，它覆盖着大地，让人感受到草原的广袤无垠。这营造出一种宏大而又宁静的氛围，仿佛天地融为一体。人置身其中，能深刻体会到大自然的壮美与和谐。

第五至七句展现出典型的草原风光，没有任何的遮挡和拘束，一切都是那么的自由和开阔。"风吹草低"是一个动态的描写，使得整个画面一下子鲜活起来。"见牛羊"则是点睛之笔，不仅展现了草原上牛羊成群的繁荣景象，也体现出敕勒族富足的游牧生活，让我们深刻感受到草原的生机与活力，也体现出敕勒民族与这片土地和动物之间紧密的联系。

歌词虽简单质朴，却有着无比强大的感染力。对于军中将士来说，他们大多来自北方的草原。这首歌仿佛将他们带回了草原，让他们想起了家乡的亲人和宁静的生活，唤起了他们对于家乡的深切思念。那颗因战乱而惊恐的心，在歌声中得到抚慰，慢慢平静下来。

虽然战争失败了，但这首歌却成了历史上一首动人的歌。后来它由鲜卑语翻译成汉语，在历史的长河中流传下来。这对于民族间的文化交流和融合具有极其重要的意义。

思考与启示

《敕勒歌》作为北朝时期敕勒族的民歌,承载着丰富的民族文化内涵。它让我们看到了古代少数民族对生活的热爱和对自然的感悟,也让我们了解到不同民族的文化特色。在当今全球化的时代,各种文化相互交融,民族文化面临着被淡化和遗忘的风险。我们应该重视民族文化的传承,保护和弘扬各民族的优秀传统文化,让这些珍贵的文化遗产得以延续,为推进中华民族共同体建设提供强大精神文化支撑。

拓展阅读

南北朝时期的成就

南北朝时期是中国历史上一个大分裂的时期,政权更迭频繁,各国战乱不断,社会动荡不安。但在这样的乱世之中,北方的少数民族进入中原,促进了民族之间的融合,孕育出了独特的文化和成就,为隋唐时期的大一统和文化繁荣奠定了基础。

在文学领域,谢灵运开创了山水诗,为中国诗歌带来了新的变化;

沈约、周颙（yóng）、王融、谢朓（tiǎo）等诗人在诗歌声律、用事、对偶等方面进行了深入探讨，共同创造了"永明体"。这种诗体注重诗歌的韵律和格律，对后来近体诗的形成产生了重要影响。梁陈两代，诗歌发展出了浮艳的宫体诗风。南北朝时期的乐府民歌非常流行，如《敕勒歌》就是一首质朴刚健的北朝民歌，《西洲曲》就是一首充满江南水乡风情的南朝民歌。

在艺术领域，尤其是绘画方面，出现了众多有影响力的画家，并形成了重要的绘画理论，比如顾恺之的《女史箴图》《洛神赋图》等传世之作。另外，因为佛教的盛行，雕塑艺术得到了空前发展，佛像、壁画的创作和石窟寺院的兴建都十分繁荣，包括敦煌莫高窟、云冈石窟、龙门石窟等，它们共同构成了我国造像艺术的宝库。

在科技领域，杰出的数学家祖冲之是世界上第一个把圆周率的数值推算到小数点后第七位的人，领先世界一千多年；贾思勰的《齐民要术》是中国古代现存最早的一部完整的农书，对中国农业的发展产生了深远影响。

《文选》

太子甄选的诗文总集

关于作品

《文选》：由南朝梁武帝萧衍之子昭明太子萧统主持编选而成，也称《昭明文选》。它是我国现存最早、影响最深广的一部诗文总集。《文选》选材严谨、注重辞藻，选录了先秦至南朝梁代近八百年间，一百三十多位有名作者及若干佚名作者的作品，选有作品七百多篇，涵盖了赋、诗、骚等各种文体类别三十八类。唐以后，文人往往将其当作教科书。

关于作者

萧统（501—531）：字德施，南兰陵（治今江苏常州西北）人。南朝梁文学家。武帝萧衍的长子。武帝天监元年（502年）被立为皇太子，未及即位而卒，谥昭明，世称昭明太子。

涉江采芙蓉

> 涉江采芙蓉，兰泽多芳草。
>
> （选自《文选·卷二十九古诗十九首》）

萧统是梁武帝萧衍的长子。当初，萧衍在建康接受齐和帝的"禅让"，即皇帝位，建立梁朝。不久后，萧统就被立为皇太子。

萧统自小读书数行并下，过目成诵，赋诗稍作思考便能吟出佳作，无须修改。十二岁时，他观看审判犯人后，仔细研究案卷，主张对犯人从轻判决，得到梁武帝萧衍的嘉许；普通年间，京城粮价大涨，他命令东宫人员减衣缩食，每逢雨雪天寒，就派人把省下来的衣食拿去救济难民。这些都表现了他的仁德。

普通七年（526年）十一月，萧统的母亲丁贵嫔生病，萧统从早到晚侍奉在侧，母亲去世后，他徒步跟从丧仪回宫，直到母亲入殓（liàn），期间未进过一口汤水，时常痛哭到昏厥。虽遭梁武帝萧衍多次劝说逼迫进食，但在居丧期间每天仍只吃一碗稀麦粥，身体日渐消瘦，此情此景令人见之无不落泪。

萧统爱好文学，喜欢"引纳才学之士，赏爱无倦"，他身边聚集了一大批有学识的知识分子。身为太子，他的东宫藏书丰富，号称有近三万卷书。他经常和众人在一起讨论文籍，谈论古今，进行文章著述，并萌生了编著《文选》的想法。

萧统带领着他的文人群体，从先秦至梁初的海量文学作品中精心筛选。他们对每一篇作品都进行了深入研读和讨论，依据"事出于沉思，义归乎翰藻"的标准来衡量作品的思想性与艺术性。只有那些情义与辞采并茂的作品才能入选。像屈原的《离骚》以其深沉的爱国情感与绚烂的文采，毫无争议地被选入，而一些虽有一定价值但失于偏颇的作品则未被收录，以此确保《昭明文选》的高质量及其文学典范性。

确定入选篇目后，萧统等人对作品进行了细致的分类编排。每类又分多个子目，如诗、赋、文等大类下，又分不同的主题和体裁。例如，诗分为杂诗、乐府等；赋有京都赋、物色赋等。这种分类编排的方式不仅体现了当时对文学体裁和题材的认识与总结，也方便读者查找和阅读不同类型的文学作品。

在此期间，萧统凭借自己深厚的文学素养和敏锐的文学眼光，从传世无名氏"古诗"中选录十九首编入《文选》，题为《古诗十九首》，其中就包括《涉江采芙蓉》。

涉江采芙蓉
无名氏

涉江采芙蓉，兰泽多芳草。

采之欲遗（wèi）谁？所思在远道。

还顾望旧乡，长路漫浩浩。

同心而离居，忧伤以终老。

我涉过江水去采荷花，长着兰草的湿地中长满了香草。
采了荷花想要送给谁呢？想要送给远方的爱人。
回头看那一起生活过的故乡，路途遥远没有尽头。
两心相爱却要分隔两地不能在一起，愁苦忧伤以致终老异乡。

  第一、二句描绘了一幅江南水乡的优美画面，女主人公涉江采摘芙蓉，岸边的兰泽中芳草萋萋。"芙蓉""兰泽""芳草"等意象，营造出一种清新、自然、美好的氛围，展现了江南水乡的秀丽风光，也衬托出主人公的雅洁形象，让人感受到她愉悦的心情。这两句的描写为下文的抒情做了铺垫。

  第三、四句笔锋一转，由乐景转入哀情。主人公采下美丽的芙蓉，却突然意识到无人可送，因为自己所思念的人远在他乡。通过这种情感的落差，深刻地表达了思妇对远方丈夫的思念之情以及因无法与爱人相聚而产生的惆怅与失落。以乐景表哀情，更显其哀愁之深。

  第五、六句视角发生转换，从思妇转到了远方的丈夫。写丈夫也在远方回望故乡，思念着妻子。"长路漫浩浩"描绘出路途的遥远和无尽，既表现了空间上的距离之远，也暗示了相见之难。这两句进一步深化了夫妻间的相思之苦，同时也体现了两人心灵的感应，从不同角度丰富了诗歌的情感内涵。

最后两句总结全诗，"同心"强调了夫妻之间感情的深厚，然而现实却是"离居"，形成了鲜明的对比，突出了这种分离的痛苦和无奈。"忧伤以终老"则表达了主人公对未来的悲观预测，他们只能在无尽的思念和忧伤中度过余生，深刻地反映了游子思妇的现实生活与精神生活的痛苦。这也让读者深切感受到了那个时代人们在离别与相思面前的无奈与悲哀。

《古诗十九首》非一人一时之作，它们在风格、主题和艺术价值等方面有相似之处，都以抒情为主，情感真挚深沉，多表达游子思妇的离愁别绪、士子的彷徨失意等情感，语言质朴自然而又富有表现力。这十九首诗因被萧统编入《文选》而得到广泛关注，也对后世五言诗的发展产生了深远的影响。

思考与启示

诗中主人公的思念和追求促使我们思考人生的意义与价值。尤其是在快节奏的现代生活中，我们常常为了物质利益和功名而奔波，却常常忽略了对家人和朋友的陪伴。这首诗启示我们，人生的意义不仅仅在于外在的成就，更在于内心的感受和情感的满足。我们应该适时停下脚步，思考自己真正追求的是什么，从而找到属于自己的人生价值。

拓展阅读

五言诗的起源

四言诗在表现力上有所局限,而五言诗则可以容纳更多词汇,扩展了诗歌容量,能更灵活细致地抒情和叙事,更好地适应当时社会生活的发展和人们情感表达的需要。五言诗起源于汉代,当时汉代设立乐府,大规模搜集民间歌谣,其中包含了大量的五言诗或含有五言句式的诗歌,如《江南》,"江南可采莲,莲叶何田田,鱼戏莲叶间。鱼戏莲叶东,鱼戏莲叶西,鱼戏莲叶南,鱼戏莲叶北"。乐府诗的广泛传播,使得五言诗的形式深入人心。

东汉时期,文人开始大量创作五言诗,他们在吸收民间歌谣和乐府诗五言形式的基础上,对其进行艺术加工和提升。现存最早的文人五言诗是东汉班固的《咏史》,尽管南朝梁文学批评家钟嵘在《诗品》中评价其"质木无文",但这标志着文人开始涉足五言诗的创作领域。

此后,张衡的《同声歌》、秦嘉的《赠妇诗》、赵壹的《刺世疾邪赋》等作品相继问世,五言诗的表现技巧日趋成熟。至东汉末年,无名氏的《古诗十九首》达到了颇高的艺术水准,标志着五言诗的成熟。魏晋以后,历南北朝隋唐,五言诗在唐朝尤为鼎盛,成为古典诗歌的主要形式之一,包括五言律诗、五言绝句等。

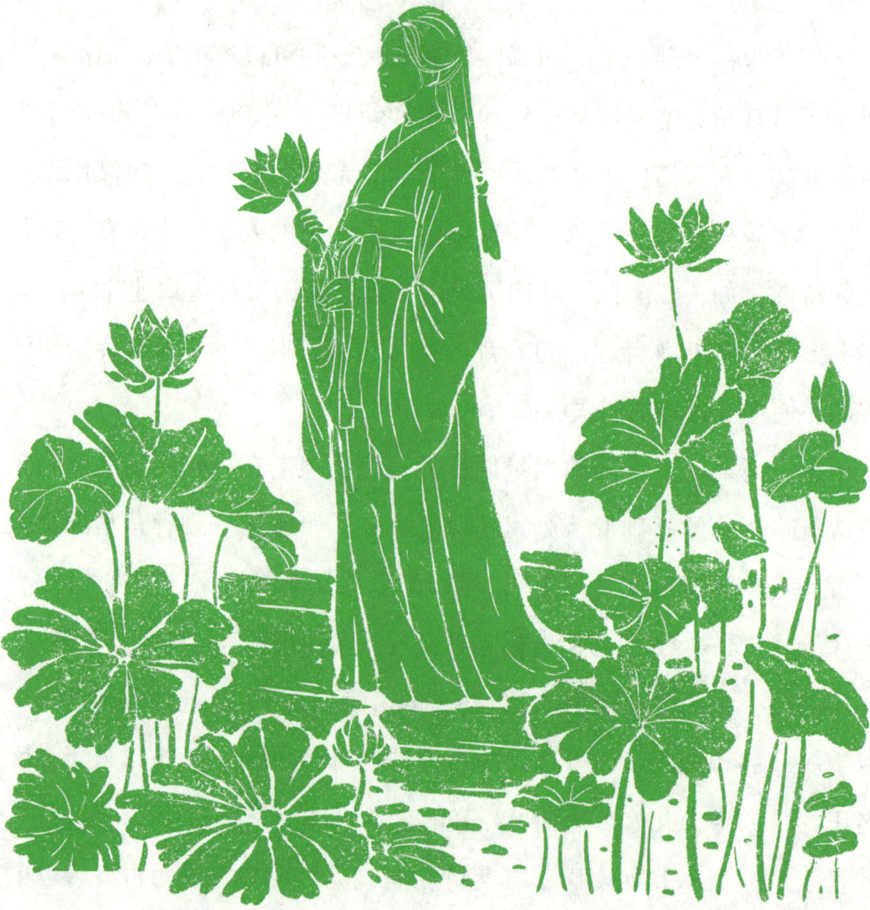

《全唐诗》

收录唐代诗歌最全的总集

关于作品

《全唐诗》：以清初季振宜《唐诗》为底本，参取明代胡震亨《唐音统签》增订而成。共收唐、五代时二千八百三十七位作者的诗歌四万九千四百零三首，残句一千余条，是迄今为止古典诗歌总集中流传最广、影响最大的一部，它对于研究我国唐代的历史、文化和文学具有重要价值。

关于作者

《全唐诗》由清代彭定求（1645—1719）等十人遵照皇帝的命令编选而成。康熙帝曾为它作序，故又称《钦定全唐诗》。

送杜少府之任蜀州

> 海内存知己,天涯若比邻。
>
> (选自《全唐诗·卷五六》)

唐朝涌现出很多神童,朝廷还专门为这些早慧的儿童设立了一个科举科目叫童子科。比如七岁写《咏鹅》的骆宾王;七岁被举为神童,后来当上秘书省正字的刘晏;十岁被举为神童的杨炯等。王勃也是一位神童,他的才华尤为出众,时至今日,人们依然对他的成就称赞不已,称他为天才。

王勃六岁就能写诗,且文辞工整;九岁就开始研读训诂学家颜师古的《汉书注》,挑出了整整十卷错误;十四岁时,他向当朝宰相上书发表政治建议,针砭时弊,因此被宰相称为"神童";十五岁时,他创作了《乾元殿颂》,被皇帝赞叹为"奇才",天才之名从此流传开来,朝中无人不知;十六岁时,在宰相保举下,他参加了比童子科难度更大的幽素科。幽素科是科举考试中一种较为特殊的科目,设此科旨在选拔具有特殊才能的人才,对考生的综合素质要求极高;十七岁时,他当上了唐高宗李治的第六子、武则天所生次子——沛王李贤的侍读。

这时未来可期的王勃意气风发，肆意狂放。毕竟，细数历史，也没几个人有王勃这样的际遇——宰相保举，天子初赞其才，十六七岁便入沛王府为侍读，与沛王李贤结下师友之谊。

当时王侯之间斗鸡风靡，沛王李贤与英王李显斗鸡一时难分高低，王勃便戏作《檄（xí）英王鸡文》为沛王助兴。檄是古代用于征召、晓谕或声讨的文书。然而，唐高宗读完"斗鸡檄"后大怒，认为王勃不加劝勉，反而挑动诸王间的矛盾，遂罢免王勃官职，将他逐出沛王府。此后，王勃开始了漫游生活。

公元669年左右，王勃的朋友杜少府要到蜀州做县尉，王勃在长安相送，便写下了这首著名的送别诗《送杜少府之任蜀州》。

送杜少府之任蜀州
［唐］王勃

城阙辅三秦，风烟望五津。
与君离别意，同是宦游人。
海内存知己，天涯若比邻。
无为在歧路，儿女共沾巾。

三秦之地护卫着长安，透过那风云烟雾遥望蜀州。
与你离别，心中怀着无限情意，因为我们同是在宦海中浮沉。
四海之内有知心朋友，即使远在天边也如近在比邻。

> 绝不要在岔路口分手之时，像那些多情的青年男女那样悲伤得泪湿手巾。

此时的王勃虽仕途受挫，但依然胸怀广阔，积极向上。虽写离愁别苦，风格却雄放刚健，乐观豁达。

首联"城阙辅三秦，风烟望五津"，"城阙"对"风烟"，"三秦"对"五津"，对仗工整，显示出王勃的诗歌创作技巧。"城阙辅三秦"描绘出长安的雄伟气势，为整首诗奠定了豪壮的感情基调。"风烟望五津"，从风烟中遥望朋友远去的地方，增添了一种迷茫缥缈的意境，又拓宽了读者的视野。

颔联"与君离别意，同是宦游人"，面对离别，王勃不言伤感，而是说"我们同是在宦海中浮沉的人"，这里运用了共情心理，表达了对友人的惜别之情，营造出与好友心绪相连的感觉，给人带来极大的心灵宽慰。

颈联"海内存知己，天涯若比邻"，只要彼此知心，即便相隔天涯，都好像相伴左右！好友要远赴蜀州，所谓"蜀道难，难于上青天"，王勃也很清楚其再见不易，故将两人感情升华，表达更高境界的情谊：只要我们"宦游人"的心连在一起，不管在哪里，都如同相伴左右。这样一来，两人的友情在诗中已经得到升华，从形体的相伴上升到精神的相通，给我们一种"神交"的感觉，这也正体现出古代"君子之交淡如水"的精神追求。

紧接着，尾联"无为在歧路，儿女共沾巾"说就不要在分别的路口，像多情的青年男女一样掉眼泪了吧！这一句相当于对全诗的总结，让整首诗结构更加完整。

因为王勃所表现的志趣是精神层面的、更大格局的豪情壮志，因此，那种偏向情感化、情绪化的表达，比如哭泣、喝酒等，都不符合他的格调。他内心的真实态度是：离别其实并不值得过分伤感，不必沉溺于儿女情长。这种心态在送别诗中是非常罕见的。因此，明代陆时雍在《唐诗镜》中点评道："此是高调，读之不觉其高，以气厚故。"意思是说，这是一首高格调的作品，读起来却不觉得它格调高，这正是王勃早期作品雄放刚健风格的体现，显示出他的远大志向和对未来的美好期许。

思考与启示

真正的友谊不受时间和空间的限制。尤其是在现代社会，我们即使不能经常见面，也能通过电话、网络等方式保持联系，在彼此需要的时候给予支持和鼓励。所以，我们应当积极乐观地面对离别，不必太过悲伤，陷在离别的情绪中。每一次离别也是新的开始，相信未来还会有重逢的机会。

> 拓展阅读

"初唐四杰"的故事

初唐时期,文学上继承了六朝以来的文学传统,尤其是齐梁时期的宫体诗风在当时仍有较大影响。宫体诗多以宫廷生活、男女爱情为题材,风格绮丽柔靡,注重形式技巧而缺乏深刻的思想内涵。

一些文人在学习和继承前代文学的基础上,对这种文风进行了深刻的反思。他们认识到宫体诗风的局限性,所以力求变革创新,旨在恢复汉魏风骨,使文学更加贴近现实生活,从而具有更高的思想价值和艺术感染力。

于是,初唐文坛上出现了四位新旧过渡时期的杰出人物,他们就是王勃、杨炯、卢照邻、骆宾王,世称"初唐四杰"。

王勃擅长写五律,其内容多偏于描写个人经历、思乡怀人以及酬赠往还,风格清新流丽。他的骈文成就尤为突出。上元二年(761年),王勃在去往交趾探望父亲的途中,途经洪州写下《滕王阁序》。此篇无论是在辞藻的华丽、对仗的工整,还是在情感的表达、意境的营造上,都堪称典范,"落霞与孤鹜齐飞,秋水共长天一色"等佳句,以其宏大的气势和绝美的意境,充分展现了王勃高超的文学才华。

杨炯十岁举神童,擅长五律,以边塞征战诗著称,如《从军行》"宁为百夫长,胜作一书生",表现了为国立功的战斗精神,气势磅礴,风格豪放,展现了初唐时期知识分子积极向上的精神风貌和渴望建功立业的壮志豪情。

卢照邻年少时就博学能文，中年后不幸患风痹症，迁居长安附近的太白山，后因病致残，最终自投颍水而死。卢照邻擅长七言歌行，其代表作《长安古意》风格纵横奔放，富丽堂皇而不失深沉。通过对长安贵族奢华生活的描写，揭露了当时社会的种种黑暗和腐朽，同时也表达了自己对人生的思考和感慨。

骆宾王七岁能诗，有"神童"之称。他曾从军西域，久戍边疆，后入朝为侍御史。作品有《在狱咏蝉》一诗，以豪迈奔放、气势磅礴著称。此外，他还擅长描绘边塞风光和英雄壮志，如《于易水送人》一诗，通过对"荆轲刺秦"这一历史事件的咏叹，表达了对英雄的敬仰和对正义的追求。文明年间，骆宾王加入徐敬业的义军，起草《讨武曌（zhào）檄》，文章慷慨激昂，气势恢宏，具有很强的感染力和号召力，其中"班声动而北风起，剑气冲而南斗平，暗鸣则山岳崩颓，叱咤则风云变色"等名句，充分展现了骆宾王的文学才华和政治抱负。

初唐"四杰"的作品在风格上各具特色：王勃高华俊逸，杨炯雄厚刚健，卢照邻清丽藻思，骆宾王平易流畅，但都具有豪放洒脱、气势磅礴、情感真挚的特点。他们的诗歌扭转了唐朝以前萎靡浮华、限于宫廷生活的诗歌风气，使诗歌题材从亭台楼阁、风花雪月的狭小领域扩展到江河山川、边塞大漠的辽阔天地，为诗歌注入了新的生命力，为唐代诗歌的繁荣发展奠定了坚实的基础，并对后世的文学创作产生了深远的影响和重要的启示作用。

回乡偶书

> 少小离家老大回,乡音无改鬓毛衰。
>
> (选自《全唐诗·卷一一二》)

贺知章或许是唐代诗人中命运最好的一位,逝世时年过八旬,而这八十多年的时间,恰好是唐朝历史上最鼎盛、最安定的时期。

贺知章是曾任太子洗马的贺德仁的同族晚辈,年少时就凭借文章辞赋而闻名。考中进士后,陆象先、张说(yuè)两位宰相都非常器重他,多次在天子面前举荐,他因此稳步升迁,官至秘书监。

贺知章平素尊信道教,晚年辞官还乡入道。唐玄宗李隆基先是多次挽留,挽留不成后又亲自赋诗饯行,并下诏让朝中放假一天,在城外大摆御宴,所有皇子皇孙和百官都为其饯行。

同意其退隐后,唐玄宗不仅给贺知章的儿子升了官职,还将镜湖剡(shàn)川的一部分土地赐予贺知章。这不仅仅是物质上的赏赐,更是一种极高的荣誉和恩宠。在古代,土地是非常重要的财富和资源,皇帝此举显示了对贺知章的格外优待,也体现了贺知章在皇帝心中的重要地位以及对其一生所取得成就的认可。

回乡后，贺知章写下了著名的《回乡偶书》。

回乡偶书
[唐] 贺知章

少小离家老大回，乡音无改鬓毛衰。
儿童相见不相识，笑问客从何处来。

从小的时候离开家乡，到老了才回来，家乡的乡音没有改变，但头发却已经稀疏斑白。

儿童们看到我都不认识，笑着问我："客人，您是从哪里来的呀？"

"少小离家老大回"并非夸张之词。自三十六岁中状元后，贺知章背井离乡，在长安为官，一晃就快五十年。在告老还乡的途中，这位八十多岁的老人回忆起当年意气风发的青年时光，望着镜中白发苍苍的自己，不正应了"少小离家老大回"吗？鲜明的时间对比突出了离乡时间之久，其中蕴含着诗人对多年的漂泊经历和坎坷人生的感慨。

"乡音无改鬓毛衰"——五十年过去了，虽已衰老，但家乡的口音依然如故。这里的"衰"意为减少，用来描述老年人头发、胡子稀疏的模样。与外貌的变化相比，未变的乡音更显得亲切。

贺知章的乡音属绍兴方言，柔美动听，与长安地区的西北方言有着鲜明的对比。虽然历经岁月变迁，身处异乡多年，但故乡的口音却一直没有改变，这体现了诗人对故乡深深的眷恋和对自己身份的坚守。容颜已老与乡音无改之间形成对比，更加强化了时光流逝的无情。

至此，仅展现了贺知章个人的感慨。突然，戏剧性的一幕出现："儿童相见不相识，笑问客从何处来"。返乡之旅即将圆满结束，却遇到了几个小孩好奇的提问——"客人，你是从哪里来的呀？"这个问题，让贺知章一时无言以对。

在外客居半个世纪，如今耄（mào）耋（dié）之年风尘仆仆归来，该如何向孩子们解释："我虽远道而来，却与你们是同乡啊。"儿童天真无邪的提问，生动地表现出诗人久客他乡后与故乡产生的疏离感。从儿童的角度来写，更增添了一种无奈和悲凉的情绪。

贺知章晚年不再受规矩约束，行为放纵，因家乡在四明（今浙江宁波），所以他晚年自称"四明狂客"。喝酒也好，修道也罢，他展现出的豪迈洒脱之气丝毫不输李白。他与年轻的李白一见如故，成为忘年之交。在没有带钱的情况下，他毫不犹豫地将皇帝赐予的金龟换酒，与李白畅饮作乐。

贺知章逝世后，李白写下《对酒忆贺监二首》：

四明有狂客，风流贺季真。
长安一相见，呼我谪仙人。
昔好杯中物，翻为松下尘。
金龟换酒处，却忆泪沾巾。

狂客归四明，山阴道士迎。
敕赐镜湖水，为君台沼荣。
人亡余故宅，空有荷花生。
念此杳如梦，凄然伤我情。

诗仙叹：

四明有一位狂放不羁的人，他就是风度翩翩的贺知章。在长安头一次相见时，他就称呼我为天上下凡的仙人。

往昔他喜爱杯中美酒，如今却已化为松下的尘土。每每想起当年用金龟换酒的场景，不禁悲伤得泪滴沾巾。

狂客贺先生回到四明时，山阴的道士出来迎接他。皇帝下旨赐给他镜湖的水域，让那片湖水成为他园中的荣耀。

如今人已逝去，只留下他过去的宅院，镜湖里空有朵朵荷花盛开，想到这些，令人感到人生渺茫如一场大梦，使我凄然伤情。

思考与启示

人生不同阶段有不同的使命：年轻时向外探索世界，年老时向内回归本心。故乡是心灵的起点与归宿，它既是物理空间，也是心灵的精神原乡，即便无法物理回归，也能获得心灵慰藉。

拓展阅读

古代官员的退休年龄

贺知章八十六岁才告老还乡，正式退休。古代官员的退休年龄都是这么晚吗？其实并非如此，如果按照现代说法，贺知章是属于"延迟退休"。

古代将官员的退休称为"致仕"或者"致事"，即交还官职的意思。周代就有了退休概念，《礼记·曲礼》中提到"大夫七十而致事"，可见七十岁是官员考虑退休的一个年龄阶段。

汉代初步形成了以七十岁为惯例的官员退休制度，但尚未形成统一明确的法定标准。根据《西汉会要》记载，丞相韦贤在七十多岁时以老病辞官，成为历史上第一位正式退休的丞相，皇帝还赏赐给他黄金百斤。

唐代《大唐令》明文规定："诸职事官七十听致仕。"明确了七十岁为退休年龄。同时，对虽然不到退休年龄但患有疾病或者受伤的官员，也准许提前退休。杜甫的《旅夜书怀》中"名岂文章著，官应老病休"就从侧面证明了"老"和"病"是唐朝官员退休的两个主要原因。

宋、元、明、清各代实行的也是七十岁退休制度，只是对个别人或者个别部门有特殊情况会做出调整。比如宋朝有冗员的情况，为了精简机构，有时会鼓励官员提前退休。但朱熹多次提出退休申请，却都没有得到应允。正如贺知章八十六岁才退休一样，官员去留的最终裁定权还是属于皇帝。

望月怀远

> 海上生明月，天涯共此时。
>
> （选自《全唐诗·卷四八》）

《诗经·陈风·月出》开创了我国古代诗歌以"月"为意象来喻美人、寄情思的传统。

在中国文学史上，诗人对月亮的情愫独具特色。据不完全统计，《全唐诗》近五万首诗作中，涉及月亮的诗超过五千首，堪称诗歌类中的佼佼者。

在这众多脍炙人口的望月诗篇中，我们始终无法避开一位诗人一首诗。这首诗被称为"五律中《离骚》"，它就是《望月怀远》，它的作者就是大唐名相张九龄！

张九龄，字子寿，一名博物，韶州曲江（今广东韶关西南）人，世称"张曲江"。在唐代，两广地区经济、文化发展较为滞后，被视为"蛮荒之地"。然而，在这样的环境中，张九龄幼年就表现出擅长写文章的才能。十三岁时，广州刺史称赞他，预言他必定前途远大。果不其然，他后来考中进士，担任校书郎。任职期间，适逢唐玄宗亲自策问天下名士，张九龄发挥稳定，最终得以升迁。

张九龄因善识人、鉴别人才而备受推崇。当时吏部考试选拔人才以及科举考试，都会让张九龄参与评定考试等级名次。在担任中书令期间，他曾经预言安禄山"狼子野心，面有逆相"，劝谏唐玄宗，"因罪戮之，冀绝后患"，但唐玄宗不听，将安禄山释放回藩镇，为安史之乱埋下了祸根。

纵然张九龄有鉴别识人之能，但唐玄宗却越来越不愿听忠臣的谏言。与此同时，口蜜腹剑的奸臣李林甫当道。李林甫最善于欺上，满朝大臣都知道他是个奸臣，但唐玄宗还是打算任命李林甫为副相。

纵观中国历史，那些品行清正的贤臣往往斗不过面厚心黑的权臣，在残酷的政治斗争中难免黯然落败。张九龄也是如此。在相位争夺战中，他败给了以奸险善谀著称的李林甫，还被唐玄宗贬到了离长安城千里之遥的荆州。

张九龄刚被贬官没多久，心中郁结。在一个凉风习习的秋夜，他突然发现一轮金黄色的明月缓缓从水面升起，一直升到高高的夜空。他仰首望月，沉醉其中，心想此刻天下人共赏的都是这同一轮明月，却不知当年的故人此刻是否安好。念及此，张九龄不由得低声吟诵，终成诗篇。

望月怀远

[唐]张九龄

海上生明月,天涯共此时。
情人怨遥夜,竟夕起相思。
灭烛怜光满,披衣觉露滋。
不堪盈手赠,还寝梦佳期。

望着海上升起的月亮,想起了远方的亲人,此时的他们或许和我一样正望着同一轮明月。

有情之人怨恨着长夜漫漫,整夜都在思念着远方的亲人。

熄灭了蜡烛,月光还是那么明亮,披上衣服,还是觉得露水寒凉。

不能把满手的月光赠给你,还是回去睡觉吧,也许在梦中能与你相会。

诗的首联"海上生明月"给人以浩瀚无垠之感,明月在这广阔的海面上升起,一下子将读者带入一个宏大的空间之中。这种广阔的意境为全诗奠定了深沉而悠远的情感基调。"天涯"强调了距离的遥远,而"共此时"又将这种距离感通过明月联系起来,蕴含着对远方之人深深的思念,不论相隔多远,都在同一轮明月的照耀下,共享这一时刻的美好与思念。

颔联的"情人"在这里可以理解为有情之人,包括张九龄自己或者所有有思念之情的人。"竟夕"表示一整夜,张九龄整个晚上都在思念远方的故人，以至于辗转反侧、孤枕难眠。他无可奈何，只能去"怨"这漫漫长夜的无尽与孤独。

　　既然睡不着，不如出去走走。灭掉蜡烛这一细节描写展现出诗人对月光的珍视，这月光如同他与思念之人之间联系的纽带。同时，月光的"满"也暗示着思念的满溢。张九龄在室外徘徊良久，沉浸在自己的思绪之中，浑然不觉衣衫已被清凉的露水打湿。

　　就这样，全诗寄托的思念之情被一环一环地推向了高潮。张九龄想把月光捧满双手赠送给远方的人，但却无法做到。这进一步强调了对距离遥远的无奈之情和思念的深沉。明月虽美，却不能像实物一样赠予他人，表达了张九龄对远方之人的深情及无法传达的惆怅。最终张九龄回到室内，希望能在梦中与思念之人相会。这种以梦为寄托的方式，把思念之情推向了高潮。在现实中无法与对方相见，只能寄希望于梦境之中，反映出张九龄内心的无奈和对团圆的深切渴望。

　　张九龄的思念可能是对远方亲人、友人的思念，也可能包含着对理想、对人生美好境遇等抽象事物的向往。历史上，屈原以爱情关系来比拟君臣关系，香草美人之喻成了后世诗人常用的一种艺术手法。那么，这位让张九龄"竟夕起相思"的相思对象，是否也代表着张九龄对唐玄宗的希冀呢？

思考与启示

张九龄在诗中虽然对远方之人难以相见表达了幽怨,但整体意境宏大开阔,没有被相隔遥远的痛苦完全吞噬。这提醒我们,在人生中离别是不可避免的,无论是地理上的距离还是心理上的距离,我们都要学会以一种豁达的心态去看待。就像张九龄通过望月将距离感转化为一种共同的情感体验一样,我们可以把距离看作是考验情感、丰富人生阅历的因素。

拓展阅读

古人的风雅之事

月亮本身具有极强的视觉美。它的形状随着时间而变化,从月初的蛾眉月,到十五的满月,再到月末的残月,这种盈亏的变化就像一幅天然的画卷在夜空中徐徐展开。

满月时,月亮圆润明亮,洒下柔和的光辉,为大地披上一层银装,给人一种宁静而祥和的美感;而弦月则如弯弯的镰刀或细眉,带着一种纤细的、含蓄的美,激发古人的诗意与遐想。

月亮在古代文化中具有重要的象征意义,代表着团圆、美好、浪漫等。古人喜欢"候月""赏月"。在等待月亮升起的过程中,内心充满了期待和诗意,这被视为一大风雅之事。

古人的风雅之事丰富多样。在自然体验上,除"候月"之外,古人还常常在雨天静坐或侧卧,聆听雨声;在雪天赏雪、踏雪;探寻幽静、神秘的自然景观和地方,远离尘世的喧嚣,获得内心的宁静与启示,让身心在自然中得到放松和滋养。

生活情趣上,古人有品茶、酌酒、焚香、莳(shì)花等雅趣;文学艺术上,有吟诗、作对、赏画、抚琴等活动。这些体现了我国古代文人的精神追求。

出塞

> 秦时明月汉时关,万里长征人未还。
>
> (选自《全唐诗·卷一四三》)

王昌龄自小家境贫寒,一边耕种一边读书。后来,他去嵩山学道,并在学道期间写下了《就道士问周易参同契》一诗。在诗中描绘了一段经历:有一天,他正在嵩山采集菖(chāng)蒲(pú),忽然在嵩山南面遇见了一位骑着白鹿的仙人。这位仙人头发很短,但耳朵却很长,王昌龄恭敬地向他稽首行礼,请求得到有"丹经王"之称的《周易参同契》。仙人从怀中取出丹经给王昌龄,王昌龄认真研读却不能领悟其中奥秘,只好返回住处请教其他高人,不禁感叹自己缺乏修道的资质和慧根。

终究,山外的世界更适合有抱负的年轻人。二十六岁时,王昌龄走出嵩山。

当时,大唐边境战争持续不断,在御敌的唐军中,除了带兵打仗的将军,还需要大批文官随军掌管文书事务。所以,很多文人有了投笔从戎、前往边塞为国尽忠的机会。

公元724年,二十七岁左右的王昌龄看到边塞招兵的布告后,快马加鞭踏上了前往边塞的道路,一心渴望立功封侯。

边塞环境虽然十分艰苦,但是壮阔的边地、奋勇杀敌的将士却让人热血沸腾,这极大地激发了王昌龄的写作灵感,既而创作出了一系列边塞诗,《出塞》便是其中之一。

出塞
[唐]王昌龄

秦时明月汉时关,万里长征人未还。
但使龙城飞将在,不教胡马度阴山。

依旧是秦汉时期的明月和边关,万里长征的勇士们至今尚未归还。
只要那英勇善战的将领仍在,就一定不会让敌人的铁蹄踏过阴山。

全诗从写景入手。首句"秦时明月汉时关"用粗线条勾勒出冷月映照边关的苍凉景象,渲染出苍凉寂寥的氛围。这句诗用了"互文"的修辞手法,并非单指秦朝的明月、汉代的边关,而是指秦汉时期的明月照耀着秦汉时期的边关。这一句给广袤的边塞增添了悠远的历史感,明月、边关仿佛是异度空间与此时此地的连接点,又像是金戈铁马、战争风云的见证者。简简单单七个字,就把整首诗的豪迈与大气展露无遗,也为诗歌的展开做了铺垫。

面对这样的景象，王昌龄难免触景生情，联想起秦汉以来无数献身边疆、马革裹尸的将士。次句"万里"虽属虚指，却突出了边塞与内地之间的距离感，给人以想象空间。"人未还"则点明了战争的残酷后果，无数的征人背井离乡，奔赴万里之外的边疆作战，却再也没能回来，让人不禁联想到战争给无数家庭带来的灾难和痛苦，表达了诗人对征人的深切同情和对战争的憎恶。

"人未还"不是没有原因的。在接下来的三、四句，王昌龄给出了答案——"但使龙城飞将在，不教胡马度阴山"。这两句呼应首句中的"汉时关"，让人回想起汉代两位抗击匈奴的名将："龙城"代指卫青，他曾奇袭匈奴圣地龙城并大获全胜，一战成名；"飞将"指"飞将军"李广，他一生战功赫赫，驻守边关的时候，令匈奴人闻风丧胆，数年不敢来犯。在此处，"龙城飞将"不仅仅是指卫青和李广，而是泛指真正有远见卓识和抗敌智慧的将领。如果这样的将领在边关坐镇，那么匈奴必然不敢轻易侵犯。

这两句诗融抒情与议论为一体，展现了边塞将士巩固边防的愿望和保卫国家的壮志。与此同时，也暗含讽刺之意，暗示若非朝廷失职、无力对抗外敌侵扰，那么边塞的烽火也不会长燃，将士也不会久戍不归。

整体来看，王昌龄并没有过多地对边塞风光进行细致描绘，而是选取了边塞生活中明月照边关的一个典型场景，来揭示将士们的内心世界。他把复杂的内容熔铸在四句诗里，既有对久戍未归的将士的深深同情，又流露出了对朝廷未能选贤任能的不满，还表达了希望平息边塞战事、使人民过上安定生活的愿望。

在边塞期间,王昌龄写下了大量优秀的边塞诗。为了追求仕途上的成功,他决定回长安参加科举考试,并顺利及第。后因同情张九龄罢相之事,得罪李林甫,被贬岭南。次年遇赦返回长安,但不久后又被贬官。

王昌龄一生仕途坎坷,然而他因诗名甚盛,收获很多友谊,孟浩然、李白、岑参、高适、王之涣等都是他的密友。他被贬龙标时,李白还为其写下著名的《闻王昌龄左迁龙标遥有此寄》。

公元755年,安史之乱爆发,年近六旬的王昌龄辞官回乡,却在路过亳(bó)州时被亳州刺史杀害,令人惋惜悲叹。

思考与启示

"万里长征人未还"反映了战争导致无数将士背井离乡、生死未卜的悲惨事实,这让人们深刻认识到战争的残酷性,从而更加珍惜和平。和平的环境不是轻而易举获得的,它是无数人梦寐以求却求而不得的。当今世界仍有部分地区处于动荡之中,那里的人们饱受战乱之苦,时刻面临生命危险。王昌龄的诗提醒我们,要珍惜自己所处的和平环境,并努力为维护世界和平贡献自己的力量。

拓展阅读

"安史之乱"到底怎么回事

安史之乱爆发后，王昌龄在返乡途中被亳州刺史闾丘晓杀害；杜甫经历了颠沛流离的生活，目睹了战争给百姓带来的苦难，写了《春望》等诗歌；王维没能及时逃离长安，被叛军俘获；李白在安史之乱爆发初期，曾入永王李璘幕府，被牵连入叛乱案中；高适积极参与了平叛战争……安史之乱是唐朝由盛转衰的转折点，也影响了众多诗人的人生。

安史之乱发生在唐朝中期玄宗天宝年间，从玄宗天宝十四载（755年）一直持续到代宗广德元年（763年）。这场叛乱由唐朝将领安禄山和史思明发动，故而得名。

安史之乱的爆发并非偶然。唐玄宗统治后期，统治阶级内部矛盾尖锐。唐玄宗沉迷于与杨贵妃享乐，疏于朝政。李林甫、杨国忠等权臣当道，官员贪污腐败，政治黑暗。经济上，土地兼并严重，百姓生活困苦；军事上，由于募兵制的实施，地方节度使权力过大，形成了强大的地方割据势力，比如安禄山身兼平卢、范阳、河东三镇节度使，势力范围庞大。

安禄山率领十五万大军南下攻唐，唐军连败。安军攻陷陈留、荥（xíng）阳、洛阳等地，直抵潼关。次年（756年），安禄山在洛阳称雄武皇帝,国号"大燕",建立起割据政权。他分兵攻略各地,破潼关,入长安大肆杀掠。潼关失守后,唐玄宗逃往四川。在逃至马嵬(wéi)驿时,军士哗变,诛杨国忠,逼迫唐玄宗赐死了杨贵妃。

尽管唐朝廷最终平定了这场叛乱,但这场长达八年的叛乱给唐朝带来了重大损失,让唐朝的实力大幅减弱。

凉州词

> 羌笛何须怨杨柳,春风不度玉门关。
>
> （选自《全唐诗·卷二五三》）

王之涣的诗现仅存六首,然而仅凭《凉州词》与《登鹳(guàn)雀楼》,王之涣就足以屹(yì)立于诗坛,流芳千古。

关于王之涣的故事,在历史典籍中记载很少,但在唐文学家薛用弱的传奇小说集《集异记》中有一段"旗亭画壁"的故事,其中就提到了王之涣。

"旗亭"就是酒楼。王之涣、王昌龄、高适三人都擅长边塞诗的创作,在诗坛上的名气相当。由于三人仕途都不是很顺利,境遇相似的他们成了好朋友。

有一天下雪,天气有些冷,三人相约一起到酒楼小酌。在酒楼中,他们偶遇一行歌女登楼宴饮。于是,三位诗人悄悄离席,围着小火炉,兴致盎然地在一旁看着她们表演。

这时候,几位美丽的歌女陆续登台,接着开始奏乐,演奏的都是当时有名的乐曲。

王昌龄率先提出建议："我们三人在诗坛上也小有名气，可是一直未能分个高下。今天恰巧有个机会，我们可以悄悄听这些歌女们唱歌，看谁的诗被唱得最多，谁就是最优秀的，如何？"王之涣和高适听了都赞同，于是这场充满悬念的比赛就此开始。

音乐响起，一位歌女首先唱道："寒雨连江夜入吴，平明送客楚山孤。洛阳亲友如相问，一片冰心在玉壶。"这是王昌龄的《芙蓉楼送辛渐》。王昌龄听后，用手指在墙壁上画了一笔，说："我的一首绝句。"

随后，另一位歌女唱道："开箧（qiè）泪沾臆，见君前日书。夜台何寂寞，犹是子云居。"高适一听，伸手在墙壁上画了一道，说："这是我的《哭单父梁九少府》。"

第三位歌女出场，唱的是："奉帚平明金殿开，且将团扇暂徘徊。玉颜不及寒鸦色，犹带昭阳日影来。"这是《长信秋词》，又是王昌龄的一首绝句。

王之涣自以为出名已久，然而歌女们尚未唱他的任何诗作，于是开玩笑地说："这几个唱曲的，都是不出名的乐官，所唱的都是些通俗的歌词，'阳春白雪'之类的高雅之曲，哪是她们唱得了的？"

他说着就用手指着最漂亮、最出色的一位歌女说："到她唱的时候，如果不是我的诗，我这辈子就不和你们争高下了。不过，要是她唱的是我的诗，二位就拜倒于座前，尊我为师好了。"三位诗人说笑间，静候其唱。

过了一会儿，终于轮到那个最漂亮的歌女唱了。只听她开口唱道："黄河远上白云间，一片孤城万仞山。羌笛何须怨杨柳，春风不度玉门关。"王之涣一听，瞬间眉飞色舞，得意至极，揶揄王昌龄和高适说："怎么样，我说的没错吧！"三位诗人同时开怀大笑。

歌女不明白他们大笑的缘由，起身过来问道："不知道各位公子，为什么这么开心呀？"王昌龄等人就把这件事跟她们说了一遍。那些歌女听后，纷纷下拜道："我们这些俗人有眼不识神仙，恳请你们屈尊，到我们的筵席这边来一起坐坐吧！"三人答应了，于是和她们一起喝酒，喝得酩酊大醉，一整天都沉醉在欢乐之中。

须知"凉州词"并非诗歌的题目，而是盛唐时流行的一种曲调名。因为曲谱中涉及胡笳（jiā）、羌（qiāng）笛、琵琶等乐器，整体风格偏向愁苦悲凉，所以诗人们在依谱填词作诗的时候，大多通过描绘萧索苍茫的边塞风光抒发守边将士的离家之苦闷、战场九死一生之仇怨。

以王翰的《凉州词》"葡萄美酒夜光杯，欲饮琵琶马上催。醉卧沙场君莫笑，古来征战几人回"和王之涣的《凉州词》堪称经典。

凉州词
[唐]王之涣

黄河远上白云间，一片孤城万仞山。
羌笛何须怨杨柳，春风不度玉门关。

黄河好像从白云间奔流而来，玉门关孤独地耸峙在高山之中。
何必用羌笛吹起那哀怨的《杨柳曲》去埋怨春光迟迟不来呢，原来玉门关一带春风是吹不到的啊！

首句"黄河远上白云间"运用了夸张和想象的手法,从远眺的视角描绘出黄河奔腾流向远方的壮观景象,仿佛一直延伸到白云深处,展现出环境的辽阔与苍茫,给人以无尽的遐想和雄浑壮阔之感。

次句"一片孤城万仞山"把视线从"白云间"拉回,映入眼帘的是连绵不绝的高山和山脚之下的一座孤城。

"仞"是古代长度单位,"万仞"用以形容山势极高。与"万仞"相对的是"一片","一片"在唐诗中常常与"孤"连用,突出特定景物的单薄之感,并增强诗歌的画面感,比如李白的"两岸青山相对出,孤帆一片日边来",韦庄的"人间不自寻行迹,一片孤云在碧天"。

"一片孤城"与"万仞山"的对比,不仅展现了城池与山巅之间悬殊的力量差距,还隐喻了守边将士与恶劣自然环境之间的艰难对抗。

边塞孤城,通常不是居民生活的地方,而是戍边战士的据点。在万仞高山环绕之下,城池显得势单力薄又十分渺小;这不正是远离家乡、时刻准备战斗的将士们所面临的处境吗?这两句虽然没有言明,但"孤城"意象的引入,已经为下文将士们的羁旅哀怨情绪埋下了伏笔。

第三句"羌笛何须怨杨柳",在静态的画面之外引入了羌笛声,羌笛演奏的《折杨柳》曲调,进一步勾起了将士们的离愁别绪。

杨柳在古代被视为离别的象征,在唐朝时,折杨柳赠别的风俗最盛。人们不仅见了杨柳会生出离别愁绪,连听到《折杨柳》的笛曲也会触景生情。羌笛一响,《折杨柳》调子入耳,将士们心中的思乡之情、离家之苦油然而生,就好像羌笛也在诉说着哀怨与愁闷。

此处说羌笛"怨杨柳",造语极为巧妙。一方面,用了拟人的手法，避免了平铺直叙；另一方面，用意象直接代替情绪，可以让诗句更加简练生动。最终，这种写法将抒情的人彻底隐藏起来，表示并非某一个人有此愁怨，这种心情是戍边之人共有的情感。

"何须怨"三字表达了一种无可奈何的语气。此句有着多样性的解读。一种说法认为，"何须怨"三字是将士们的自我宽慰，他们意识到卫国戍边的责任重大，即便一时被愁怨情绪所困，也必须自我消解。如此解读，这首诗就多了一种悲壮之美。另一种说法则认为，"何须怨"表面上说不怨，实际上却表达了"连怨气都不能说或无法说"的无奈，这种迂回含蓄的语气使得将士们内心中积蓄已久的哀怨显得更为强烈。

至于最后一句"春风不度玉门关"，既是客观的边塞地理气候特征的描述，也可代指朝廷的关怀没有及时到达边关。既然春光不来，哪有杨柳可折？既然无法折柳寄情，又何必心生哀怨？对于朝廷未能顾及守边士兵的生死、不体恤塞外征夫的情感，诗人没有直接抒情，而是用羌笛、杨柳、春风、玉门关四个意象组合，含蓄地表达了出来。正是凭借如此委婉而有力的表达方式，哀而不伤、怨而悲壮的情感基调，这首诗才能广为传唱，成为不朽的经典之作。

思考与启示

诗中虽描绘了边塞的荒凉与戍边士卒的哀怨,但诗人以"何须怨"三字透露出一种含蓄的宽慰与隐忍。这启示我们:面对艰苦环境和不如意的境遇,都应保持积极向上、乐观豁达的心态,不被困难和哀怨所束缚,以更广阔的胸怀去接纳和应对生活中的种种不如意。同时,从"一片孤城万仞山",我们可以深切感受到戍边士卒所处环境的孤寂与艰苦,但他们依然坚守在那里。这让我们明白,在追求人生目标的道路上,即使面临重重困难和恶劣的条件,我们也要具备坚韧不拔的意志,坚守自己的职责和信念,不轻易放弃。

拓展阅读

诗词里的古代要塞

玉门关位于今甘肃敦煌,地处河西走廊的最西端,是古代中原通往西域的重要交通要道。河西走廊本就是连接中原与西域的狭长通道,玉门关就像这条通道的咽喉。玉门关是边塞诗中常见的地名之一,除王之涣的"春风不度玉门关"之外,王昌龄在《从军行》中也写道:"青海长云暗雪山,孤城遥望玉门关。黄沙百战穿金甲,不破楼兰终不还。"李白也曾写"长风几万里,吹度玉门关"。

阳关位于今甘肃敦煌市西南,是丝绸之路南路必经的关隘,与玉门关同为当时对西域交通的门户,在军事和经济交流上具有重要意义。王维的"劝君更尽一杯酒,西出阳关无故人"生动地描绘了阳关作为中原与西域分界处的特殊地位,体现了当时人们对出阳关远行的复杂情感,也从侧面反映了阳关在交通和文化交流上的重要性。它是古代文人墨客表达离情别绪和边塞情怀的重要意象。

潼关位于今陕西渭南市潼关县,地处黄河渡口,位居晋、陕、豫三省交界要冲,是关中地区的东大门,也是连接西北、华北、中原的咽喉要道,在军事防御上具有极其重要的地位,是历代兵家必争之地。杜甫在《潼关吏》中写道:"士卒何草草,筑城潼关道。大城铁不如,小城万丈余。"形象地描绘了潼关的雄伟和军事防御的坚固。唐代安史之乱爆发后,名将哥舒翰率领二十万大军守卫潼关,但终被叛军攻破。潼关失陷后,长安很快也落入敌手,可见潼关对于保卫京城长安的重要性,这一事件也在诸多诗中有所体现。

剑门关位于今四川广元市剑阁县,是蜀地的北方门户,由蜀汉丞相诸葛亮下令修筑。其地势险要,是古代中原地区进入蜀地的重要通道,在军事防御上发挥了巨大作用,对于保卫蜀地的安全至关重要。李白在《蜀道难》中赞美道:"剑阁峥嵘而崔嵬,一夫当关,万夫莫开。"生动地描绘了剑门关的险峻地势和重要的军事价值,体现了其易守难攻的特点,也表达了李白对蜀道艰险的感叹。

雁门关位于今山西忻州市代县，是长城上的重要关隘，处于中原地区与北方草原的过渡地带，是古代塞北少数民族入侵中原的主要通道之一，有"天下九塞，雁门为首"之说。在军事防御上，雁门关具有极其重要的地位，是历代兵家必争之地。李贺在《雁门太守行》中写道："黑云压城城欲摧，甲光向日金鳞开。角声满天秋色里，塞上燕脂凝夜紫。"通过对战争场景的描绘，表现了雁门关的肃杀之气和军事斗争的激烈，也说明了雁门关在边塞防御中的重要地位。

山海关位于今河北秦皇岛市山海关区，是明长城东北的重要关隘，有"天下第一关"之称，亦称"榆关"。它是连接东北与华北的咽喉要道，在明朝成为明军与后金交战的主要战场之一，对于拱卫京师、防御北方游牧民族的入侵具有重要意义。明朝诗人戚继光在《和徐使君秋日建昌闻警，得戎字》中写道："前驱皆大将，列阵尽元戎。夜出榆关计，朝看朔漠空。"表现了将士们出山海关征战的英勇和豪迈。清朝诗人纳兰性德在《长相思》中提到的"山一程，水一程，身向榆关那畔行"，就反映了山海关在当时的交通和军事活动中的重要性。

鸟鸣涧

> 人闲桂花落，夜静春山空。
>
> （选自《全唐诗·卷一二八》）

在喧闹的盛唐诗坛中，有一位诗人显得格外安静，他的诗中有画，画中有诗，意境空灵，蕴含禅意。他就是被誉为"诗佛"的王维。

王维，字摩诘（jié），人称摩诘居士。要了解一个古人，我们可以从他的字和号入手。比如，王绩字无功，这暗示他一生追求无功无名的淡泊境界；欧阳修号醉翁，表明他喜爱喝酒。王维的名和字组合在一起是"维摩诘"，这是与释迦牟尼同代的佛典中的人物，他居家学道，号称维摩居士。居士，就是指信仰佛法但没有剃度出家、选择在家修行的人，他们既能过世俗生活，也可以保持内心的清净无垢。由此，我们可以看出王维是一个信佛的人，佛教不仅影响着他的人生态度，也深刻影响着他的诗歌创作，因而他获得了"诗佛"之称。而他信佛的原因则和他的家庭有关。

王维出身显贵，生在太原王氏，母亲又出自博陵崔氏。王、崔都属于世家望族。他的祖父曾任协律郎，掌管宫廷音律；他的母亲笃信佛法，还擅长画画；他的父亲精通诗文。在这样的家庭氛围下，王维九岁就能诗能文，精通书画、音律和乐器，可谓是多才多艺。

长大后，王维怀揣着满腔热情，带着整个家族的期望来到长安，准备参加科举考试。当时，唐睿宗的第四个儿子岐王李范是个"文艺青年"，喜欢结交文人才子。他读过王维的诗后非常欣赏王维，便带着王维一起前往九公主的府邸。在乐工的簇拥下，王维为公主独奏了一曲《郁轮袍》，公主听了大为惊叹，再看王维的诗卷，发现这居然是自己经常诵读的佳作，惊喜不已。

于是在岐王和公主的推荐下，加上王维优异的笔试成绩，王维顺利考中了进士。

王维得到的第一个官职是太乐丞，负责帮皇家歌舞团排练音乐、舞蹈，专供朝廷祭祀、宴享之用。然而上任不久，王维就因为属下伶人私自舞黄狮子，而被贬为济州司仓参军。这黄狮子舞是专供皇帝享用的，伶人私自作舞是对皇家不敬，王维作为"歌舞教练"，履职不周故而被牵连。

在济州一待就是四年，公元725年，唐玄宗大赦天下，王维终于等到了回京的机会。离开济州后，王维没有急着返回长安，而是动身游历江南。在此期间，友人皇甫岳邀请王维到自己位于浙江绍兴的云溪别墅做客。

一天晚上，王维浅酌几杯之后，独自到后山散步。此时已是春深，一轮明月高悬天际，林间的桂花散发出阵阵芳香，远处寂静的山谷中，不时传来清脆悦耳的鸟鸣……王维就静静站在溪边，尽情体味着这些细微的美好和空灵。

回到别墅后,王维还沉浸在刚才的所见所闻中。突然,他似有所悟,于是匆匆磨墨铺纸,提笔写下了这首脍炙人口的诗——《鸟鸣涧》。

鸟鸣涧
[唐]王维

人闲桂花落,夜静春山空。
月出惊山鸟,时鸣春涧中。

在这春夜空灵幽静的山谷里,人迹罕至,只有桂花的飘落声陪伴着静谧的夜。

月亮缓缓升起,惊起了山谷中的鸟儿,它们在春天的溪涧中鸣叫,声音回荡在寂静的山谷中。

"人闲"二字是全诗的关键,它不仅写出了周围环境的安静,更体现了诗人内心的闲适与宁静。

桂花是非常细小的,花瓣落地的声音微不可闻,但王维通过视觉感受到桂花飘落的动态,进而联想到春夜的静谧,体现了他内心的闲适与宁静。这里运用了通感的手法,将视觉与听觉相融合,以花落的动态情景,衬托出春夜山中之静,仿佛能让读者听到桂花飘落时的细微声响。这与刘长卿的"细雨湿衣看不见,闲花落地听无声"有异曲同工之妙。

如果说,王维的前半首诗是以花落来烘托春山之静,那么"月出惊山鸟,时鸣春涧中"就是通过月出、鸟鸣这两组动态的意象,进一步强化"静"的氛围。

明月缓缓升起，照亮了眼前黢黑的山谷；栖息的山鸟习惯了静默的山林，月亮的升起竟然使它们惊觉地鸣叫了起来。王维用以动写静的手法进一步衬托出春夜山间原有的静谧景象。

王维在皇甫岳的云溪别墅一连写了五首组诗，称为《皇甫岳云溪杂题五首》，这首《鸟鸣涧》是第一首。整首诗如同一幅飘然出尘的画卷，纤尘不染，仿佛能洗涤人心中的一切尘念。

离开云溪别墅后，王维重新入仕，创作了大量边塞诗，如《使至塞上》。后来他又买下宋之问的别业，在终南山隐居，并写下《终南别业》。

安史之乱爆发，王维被叛军俘虏，被迫任职，乱平后，他因曾在叛军中任职而被贬官，但因写有《凝碧池》等诗表达对唐朝的忠诚，逐渐得到朝廷的宽恕。

思考与启示

只有当内心真正宁静时，才能像王维那样敏锐地感知到周围环境中那些细微而美好的事物，如桂花的悄然飘落。在现代快节奏的生活中，人们常常忙碌于各种事务，忽略了身边许多美好的瞬间。我们应当学会放慢脚步，给自己创造一些宁静的时刻，去发现生活中那些被忽视的美好细节，从而丰富我们的精神世界，获得内心的满足。

拓展阅读

诗人的称号

王维的诗歌受佛教影响显著，故而后来人们称他为"诗佛"。很多有名的诗人都有着自己的称号。

贺知章曾赞赏李白的诗，把他比作天上下凡的"仙人"，后人便把李白称为"诗仙"。李白的诗充满了积极浪漫主义色彩，豪放飘逸、意境奇妙，极富想象力和艺术感染力，展现洒脱不羁的个性和宏大的抱负。

杜甫的诗歌反映了唐代社会由盛转衰的历史过程，体现了儒家的仁爱精神和民本思想，因此他被尊称为"诗圣"。他的诗作风格沉郁顿挫，语言精练、格律严谨，对社会现实、人民疾苦有着深入的描绘和深深的同情，真实展现了那个时代的社会风貌和人民的苦难，具有重要的社会意义和历史价值，因此他的诗也被称为"诗史"。

李贺的作品风格忧郁感伤、浪漫瑰丽，其诗作中常常出现一些奇幻的意象和独特的构思，具有神秘诡异的色彩，因此他被称为"诗鬼"。他善于运用神话传说、鬼怪灵异等元素来表现自己的情感和思想，营造出一种奇幻而又迷离的艺术氛围，展现了其独特的想象力和创造力。

刘禹锡的诗歌风格豪迈、刚健有力，其作品中常常流露出一种积极向上、乐观豁达的精神，因此他被称为"诗豪"。他的诗作题材广泛，有的反映社会现实，有的抒发个人情怀，通常展现出对人生的深刻思考、豪迈的气概和不屈的精神。

白居易写诗非常刻苦，常常达到如痴如醉的境界。他自己也曾说"酒狂又引诗魔发，日午悲吟到日西"，因此他被称为"诗魔"。此外，他还被称为"诗王"。他的诗歌风格通俗易懂、明白晓畅，善于用简洁的语言表达深刻的情感和道理。

孟郊一生穷困潦倒，其诗作多写世态炎凉、民间苦难。他以苦吟著称，对诗歌创作极为执着，仿佛被诗歌所"囚禁"，故被称为"诗囚"。其作品风格朴实无华、情感真挚，注重炼字炼句。

贾岛写诗时字斟句酌、反复推敲，对诗歌的格律、对仗等要求极为严格，仿佛是诗歌的"奴隶"，因此被称为"诗奴"。他的诗语言清淡朴素，以铸字炼句取胜，如"鸟宿池边树，僧敲月下门"中的"敲"字，就经过了反复的琢磨，体现了其严谨的创作态度。

陈子昂的诗歌风格刚健有力、慷慨激昂，其作品中充满了对现实的批判和对理想的追求，具有一种铮铮铁骨般的精神气质，因此他被称为"诗骨"。他提倡"汉魏风骨"，反对齐梁以来的绮靡文风。其诗作如《登幽州台歌》，"前不见古人，后不见来者。念天地之悠悠，独怆然而涕下"，意境雄浑、情感深沉，展现了其广阔的胸怀和独立的人格精神。

登金陵凤凰台

> 凤凰台上凤凰游,凤去台空江自流。
>
> (选自《全唐诗·卷一八〇》)

  公元701年,有一位怀孕的女子梦见太白星进入怀中,于是给自己的孩子取名李白。关于李白的家世,李白自称祖籍陇西成纪(今甘肃静宁),是汉朝飞将军李广的后裔,西凉国建立者李暠(hào)的第九代子孙。

  隋朝末年,他的先祖或因罪被贬,流徙到碎叶。碎叶在唐朝时属安西都护府,位于今天的吉尔吉斯斯坦北部托克马克附近。他幼时跟随父亲迁居绵州昌隆青莲乡(大致在今天的四川江油)。一说他的父亲叫李客,是一位富商。

  之所以讲述李白的家世,是因为在古代很讲究门第。

  在魏晋南北朝时期,还没有科举考试的时候,选拔人才用"九品中正制"。这是东汉末年由曹操提出的,即提倡唯才是举,不计门第。

  但到了司马懿当政时,于各州设大中正,任用世族豪门担任,选取原则以家世为重，从此形成了"上品无寒门，下品无势族"的局面。

隋朝虽然废除了这个制度，改用科举制选拔人才，但在隋唐时期，参加科考是有身份限制的，需要五品以上官员推荐才能参加，这就意味着考生如果没有官员推荐，就无法参加科举考试，和汉魏的察举制相似。再加之唐朝重农抑商的政策，商人子弟在很长一段时期内被禁止参加科举考试。

无论是商人家庭出身，还是罪人之后，都是李白求取仕途功名的障碍。同样是少年时期显露才华，与李白同年出生的王维在二十多岁就考中进士，不久就获得太乐丞的官职。而李白此时正在匡山脚下的大明寺苦读，他期望通过隐居山林和广泛的社交培养声誉以求得帝王赏识而进入仕途。

若想了解李白的生平，一定要读一读他的《上安州裴长史书》。这里有他不到一年时间散尽三十余万金接济读书人的慷慨，有他一路拜谒（yè），在成都见苏颋（tǐng）并得到赞誉的经历，这些都是他漫漫求仕路上的缩影。

十九岁拜谒苏颋，才华被大为称赞，但求仕无果。

拜见李邕（yōng），不被看好，求仕无果。写有《上李邕》，"大鹏一日同风起，扶摇直上九万里"正是他对"莫欺少年穷"的回应。

二十八岁，李白写有《上安州裴长史书》，因被人诋毁，他希望向时任安州长史的裴宽解释清楚以证自身清白，同时寻求其举荐，遭拒。

二十九岁拜谒李粲，写下《书情寄从弟邠州长史昭》《秋思》《赠新平少年》等诗，但求仕依然无果。同年拜谒司马王嵩，写下《留别王司马嵩》，结果仍不如意。

抵达长安后，李白尝试拜谒宰相张说，但张说病重未能相见。结识张说儿子，并尝试献诗给唐玄宗的妹妹玉真公主，却未能见到。

三十四岁李白辗转向玉真公主献诗，期间结识了贺知章，被其赞叹为"谪仙人"。

然而，一路求仕，尽管总是被人称赞才华横溢，却始终没有机会入仕。直到李白四十一岁那年，在贺知章和玉真公主的推荐下，唐玄宗终于看到了李白的作品，并召他进宫供奉翰林。

"仰天大笑出门去，我辈岂是蓬蒿人。"李白意气风发，以为要开始自己的仕途。然而，这却是他官场生涯的最高点。他以为可以施展抱负，却没想到只是奉诏写诗，是个召之即来挥之即去的御用文人。

几十年的努力奔波，就是为了今天吗？李白感到厌倦，逐渐放浪形骸，开始与贺知章等人借酒买醉，有"酒中八仙"之称。后因醉中令高力士脱靴，触怒权宦。四十四岁时，被玄宗"赐金放还"，离开了长安。

四十五岁时，李白与杜甫同游，或许就是在此时两人一起路过黄鹤楼。李白诗兴大发，正要提笔作诗，却见得同时代的诗人崔颢早已题诗一首："昔人已乘黄鹤去，此地空余黄鹤楼。黄鹤一去不复返，白云千载空悠悠。晴川历历汉阳树，芳草萋萋鹦鹉洲。日暮乡关何处是？烟波江上使人愁。"李白读罢崔颢的《黄鹤楼》，连连说道"妙绝"，认为此诗写得太好，自己难以超越，便放弃了题诗的想法，并感叹"眼前有景道不得，崔颢题诗在上头"。也正是这一次经历，让他对以前一直不喜的近体诗产生了新的认识。

或许是因看到一首很难超越的好诗，让他心有不甘，多年以后，来到金陵凤凰台,李白才终于写出堪与崔颢的《黄鹤楼》媲美的诗篇《登金陵凤凰台》。

登金陵凤凰台
[唐]李白

凤凰台上凤凰游,凤去台空江自流。
吴宫花草埋幽径,晋代衣冠成古丘。
三山半落青天外,二水中分白鹭洲。
总为浮云能蔽日,长安不见使人愁。

凤凰台上曾见凤凰翔舞,如今已经凤去台空,只有江水依旧东流。

吴国宫殿的遗迹已被野花野草埋没,幽静的小径难以寻觅;晋代的贵族已经化作古墓中的尘土。

远处三山半隐在青天之外,在白鹭洲前的江水被分成两条河流。

只因浮云遮住了太阳光,使我看不见长安城,心中不禁感到忧愁。

凤凰台在南朝宋元嘉年间建成,相传有凤凰栖息于此山,于是人们筑起高台,山叫凤凰山,台称凤凰台。然而,当唐代大诗人李白登临此处极目远眺时,当年的盛景早已不复存在,这引发了诗人的感慨。

首联写"凤凰台上凤凰游,凤去台空江自流"。古代将凤凰视为祥瑞,当年凤凰来游象征着王朝的兴盛;如今凤去台空,六朝的繁华也一去不复返,只有长江的水仍然不停地流淌。这暗示了此地曾经的辉煌和神圣，流露出一种对往昔繁华的怀念之意。

颔联将这层意思进一步延伸，"花草"和"衣冠"分别隐喻了曾经的繁华和荣耀，而"埋幽径"和"成古丘"则写出了它们被历史掩埋的命运。诗人通过吴宫和晋代的例子，感慨历史上的王朝兴衰和人事更迭。

颈联，诗人从对历史的凭吊之情中抽离，将目光投向大自然。通过对自然景观的细腻描绘，营造出雄浑壮阔而又蕴含宁静秀美的意境，与前面的历史感慨形成了一种情绪上的缓冲。

尾联是全诗的主旨所在。这两句从对历史和自然的感慨中回归现实，长安指代朝廷和皇帝，暗示皇帝被奸邪包围的黑暗现实。诗人将自己报国无门、郁郁不得志的心情暗含其中，表达了自己对政治黑暗的不满和壮志难酬的悲愤。

在李白的个人创作史上，他的诗作多以乐府、歌行和绝句见长，而这首诗则是他为数不多的七言律诗之一。正是这首《登金陵凤凰台》，让我们看到了李白在飘逸浪漫的诗文风格之外，还有这样一种深沉悠远的文人情怀。从此，中国古代文学史上便有了怀古诗双璧——崔颢的《黄鹤楼》和李白的《登金陵凤凰台》。

思考与启示

诗中描绘的历史兴衰和人物的命运变迁,警示我们历史的车轮不断前进,没有什么是永恒不变的。我们应当以史为鉴,珍惜当下,避免重蹈覆辙。同时,诗中曾经的帝王将相、荣华富贵,最终都化为尘土。这启示我们,不要追求外在的名利,而要注重内心的修养和精神的追求。保持一颗淡泊、宁静的心,才能在纷繁复杂的世界中找到真正的幸福。

拓展阅读

文人墨客为何都在金陵怀古?

李白写有《登金陵凤凰台》,又有《金陵三首》《金陵城西楼月下吟》《月夜金陵怀古》《金陵新亭》《金陵歌送别范宣》等,刘禹锡写有《金陵怀古》《金陵五题》,韦庄有《金陵图》,杜牧有《泊秦淮》等。无数文人墨客为何都对金陵怀古情有独钟?

金陵作为都城,朝代更迭频繁。它曾是东吴,东晋,南朝宋、齐、梁、陈六朝的都城,这些朝代的兴衰交替留下了丰富的历史遗迹和文化记忆。每一次朝代的变迁都伴随着权力的争斗、人世的悲欢离合以及社会的巨大变革。例如，东吴的孙权在此建立霸业，东晋的风流名士在此演绎魏晋风度，这些历史事件为文人墨客提供了无尽的创作素材。

金陵见证了诸多重大历史事件，如战争、政治阴谋、文化交融等，对历史格局产生了深远影响。战争的硝烟、英雄的事迹以及百姓在战争中的遭遇，都让金陵承载了厚重的历史，引发文人对历史兴衰的思考。

金陵的自然风光壮美，周围山川环绕。山川的壮美与城市的兴衰形成鲜明对比，在山川依旧的情况下，城市却历经沧桑，这种对比激发了文人对自然永恒和人事无常的感慨。

金陵有许多著名的古迹，如金陵古城墙、秦淮河、乌衣巷等。这些古迹本身就带有浓厚的历史气息，文人墨客置身于这些古迹之中，很容易触景生情，产生怀古之思。这些遗迹也成了这座古都繁华不再、物是人非的见证。

闻官军收河南河北

> 白日放歌须纵酒,青春作伴好还乡。
>
> (选自《全唐诗·卷二二七》)

公元712年,杜甫出生在巩县(今河南巩义西南)。这个家族是京兆杜氏的一个分支,当时有句话叫"城南韦杜,去天尺五",意思是说,住在长安城南的韦、杜两家,地位显赫,仿佛离天也就只有一尺五寸之遥。

虽然祖上显贵,但是到了杜甫这一代,家道中落。祖父杜审言与武则天时期的宰相苏味道同列"文章四友",很有才华,但是为人狂傲,得罪了不少人。父亲杜闲也做过官,但没什么成就。杜甫作为家里的长子,从小就在儒家思想的熏陶下,树立起忠、孝、悌、忍、善的人伦观念。

青年时期的杜甫,跟普通读书人一样,一边刻苦读书以求功名,一边四处游历干谒名家,希望有朝一日致君尧舜、兼济天下;即便不能,最起码为四个弟弟、一个妹妹树立榜样,必要的时候还可以帮扶他们。

　　但是天不遂人愿，杜甫参加科举考试没有考中。于是，他开始外出游历，结识了岐王李范、秘书监崔涤、李龟年等人。也正是在此期间，他与大他十一岁的李白成为忘年交，二人同游齐鲁等地，后又与高适结伴同游。

　　天宝六载（747年），杜甫结束了漫游生活，来到长安（今陕西西安）寓居。他参加了玄宗诏令天下"通一艺者"的应试，却因李林甫声称"野无遗贤"而落选。此后，杜甫为求仕不断写诗文投赠权贵，但均未得到有效举荐，这一停留便是近十年。

　　随着在长安生活时间的增长，杜甫的生活逐渐陷入困境，也使他更深入地了解社会现实和人民的疾苦。其创作风格开始转变，写出了很多反映现实的作品，奠定了他现实主义创作的基础。

　　天宝十三载（754年），杜甫进献赋文三篇，唐玄宗看后大为赞赏，自此杜甫终于得了一个小官。但天宝十四载（755年），安史之乱爆发了。天子逃入蜀地，杜甫逃往三川。唐肃宗继位，杜甫衣衫破烂地要北上投奔唐肃宗，途中不幸被叛军俘虏，押送到长安。在陷居长安期间，他写下了《春望》《哀江头》等诗。

　　至德二载（757年），杜甫终于逃出长安，奔赴凤翔，被肃宗授为左拾遗。但不久后因房琯事件触怒肃宗，杜甫差点丢命，后回到鄜（fū）州省亲。后世习惯称杜甫为"杜拾遗"。左拾遗这个从八品的官职，是杜甫这辈子所任官职的顶峰，从此之后他再也没有得到朝廷的重用。

　　在混乱的战局之下，当时到处有寇贼掠夺。杜甫的家人寄住在鄜州，长年生活艰难贫困，幼弱的孩子因饥饿夭折了好几个。在从洛阳返回华州的途中，杜甫目睹了战乱给百姓带来的灾难，内心悲痛不已，创作了"三吏""三别"等不朽诗篇。

上元二年（761年），杜甫携家带口辗转来到了成都。在这里，他得到了好友严武的帮助，在城西浣花溪畔建造了一座草堂，即"杜甫草堂"。在此期间，他创作了《蜀相》《江村》《春夜喜雨》《茅屋为秋风所破歌》等大量优秀诗作。广德二年（764年），严武出任蜀地节度使，杜甫应其邀请前去担任节度参谋、检校工部员外郎，因此后世又称他为"杜工部"。

公元762年，唐军在洛阳附近的横水打了一场大胜仗，成功收复了洛阳、郑州、开封等州城。次年，叛军纷纷投降，持续八年之久的安史之乱终于宣告结束。

当时的杜甫身在梓州，漂泊异乡，听闻这个消息，心情十分激动。那些曾经失陷的城池，如今又回到了唐朝的怀抱，军士们的英勇奋战，换来了家园的安宁。可自己却远离故土，漂泊在蜀地梓州，没办法在现场见证这一胜利，只能在心中对大唐的复兴感到欣慰。与此同时，生活的动荡也令杜甫有些无助。于是，他将这一时期的感受化作温暖而真切的文字。

闻官军收河南河北
[唐]杜甫

剑外忽传收蓟（jì）北，初闻涕（tì）泪满衣裳（cháng）。
却看妻子愁何在，漫卷诗书喜欲狂。

白日放歌须纵酒,青春作伴好还乡。
即从巴峡穿巫峡,便下襄(xiāng)阳向洛阳。

在剑门关外忽然传来收复蓟北的消息,刚刚听到我的眼泪就沾满了衣裳。

回头看,妻子和孩子已经没有了忧愁,我胡乱地卷起诗书,高兴得简直要发狂。

白日里我放声歌唱,痛饮美酒,趁着明媚春光计划与妻子和孩子一同返回家乡。

我们将从巴峡出发,穿越巫峡,然后经过襄阳,最终直奔洛阳。

首联"忽传"二字表明消息来得突然且出人意料,这为下文杜甫强烈的情感反应做了铺垫。蓟北作为安史叛军的重要据点,官军收复蓟北意味着安史之乱即将结束,国家有望重归统一。这对饱受战乱之苦的杜甫来说,无疑是一个巨大的喜讯。

"涕泪满衣裳"这一细节,生动地刻画了杜甫喜极而泣的形象,将他对国家命运的深切关怀以及对和平生活的渴望展现得淋漓尽致。多年的战乱让杜甫和百姓都历经了无数的苦难,如今叛乱即将平定,积压在诗人心中的悲愤、忧虑等复杂情感一下子得到释放,化作了这滚滚热泪。

颔联通过描写杜甫的动作和妻子儿女的神态,从侧面烘托出了杜甫一家得知喜讯后的喜悦之情。杜甫兴奋得不能自已,"漫卷诗书"这一动作描写,将他狂喜之下的失态表现得淋漓尽致。一个"狂"字更是将这种情感推向了高潮，让读者深刻感受到诗人内心深处的极度喜悦。此时，杜甫再也无心沉浸在诗书之中，满心都是对即将到来的和平生活的憧憬以及对归乡的急切盼望。

颈联中，杜甫尽情地歌唱、开怀畅饮，以抒发内心畅快之情。在历经了多年的战乱和苦难后，终于迎来了这一值得欢庆的时刻，他要用歌声和美酒来表达对国家命运出现转机的欣喜和对未来美好生活的期待。在这样美好的时光里，杜甫即将踏上归乡之路，心中充满了喜悦和期待。此句将自然景物与杜甫的情感相融合，进一步强化了杜甫归心似箭的心情以及对故乡的思念之情。

尾联中"即从""便下"两个词语，表现出一种风驰电掣般的速度，展现了杜甫恨不得立刻飞回故乡的迫切愿望。"便下襄阳向洛阳"也明确了归乡路线，以地名的快速转换，勾画出杜甫内心喜悦的腾飞，生动地描绘了他盼着回家的心情。

整首诗以流畅的叙述、生动的描写、深刻的感悟，将杜甫的心情娓娓道来，使读者仿佛亲身感受到了杜甫那无法抑制的喜悦之情和他真挚的爱国情怀。

思考与启示

杜甫在诗中表达了对国家统一的热切期盼和由衷喜悦,这种情感深刻反映了维护国家领土完整和统一的重要性。在任何时候,我们都应坚决反对分裂,坚定地维护国家的统一和民族团结,这是每个公民的责任和义务,也是实现中华民族伟大复兴的根本基础之一。

拓展阅读

"三吏"和"三别"讲了什么?

"三吏"指的是《新安吏》《石壕吏》《潼关吏》,"三别"则是《新婚别》《无家别》《垂老别》。

《新安吏》描述了诗人在新安县见到的征兵场景。由于战争导致兵员短缺,官府甚至开始征召中男入伍。中男是指十八岁以上二十三岁以下的男子。诗中通过诗人与新安吏的问答以及对被征中男和送行家人的描写,表现了百姓内心的无奈与悲痛。

《石壕吏》全诗围绕石壕吏夜捉人这一事件展开。老翁翻墙逃走,老妇出门应对,老妇向官吏哭诉家中的悲惨遭遇:三个儿子都去参战,其中两个已战死，家中只剩下儿媳、孙子和自己，即便如此，老妇仍被官吏强行抓走服役。这一情节深刻地揭露了封建统治者的残暴和战争给人民带来的深重灾难。

《潼关吏》借潼关吏之口描述潼关的天险地势以及重新修筑潼关以加强备战的情况。诗中既有对潼关雄伟险峻景色的描写，也有对守关将士的告诫，希望他们以史为鉴，吸取桃林之战的教训，充分利用潼关天险保卫长安。

《新婚别》描写了一对新婚夫妻在战乱中的离别场景。新娘在新婚之夜就面临与丈夫分离的痛苦，她虽有不舍，但仍鼓励丈夫参军报国，体现了普通百姓在战争面前所表现出的大义与牺牲精神，同时也揭示了战争对人民生活的无情破坏。

《无家别》讲述了一个战败归家的士兵回到家乡后，却发现田园荒芜、亲人离散、已无家可归的悲惨境遇。然而，他又不得不再次应征入伍。这首诗描绘了战后乡村的破败景象，反映了战争对社会经济和人民生活的毁灭性打击。

《垂老别》叙述了一位老人在暮年之时还要与老伴分别，被迫从军的悲惨遭遇。诗中生动地刻画了老人复杂的情感，既有对战争的愤恨与无奈，又有对国家命运的担忧以及对老伴的不舍，表现了战争的残酷无情和人性的光辉与坚韧。

杜甫以高度的写实精神，真实地记录了安史之乱时期的社会生活场景和人民的苦难，这使得他的诗歌具有"诗史"的价值，为后人了解那段历史提供了生动而宝贵的资料。

钱塘湖春行

> 乱花渐欲迷人眼,浅草才能没马蹄。
>
> （选自《全唐诗·卷四四三》）

公元822年,五十一岁的白居易已经在官场沉浮将近二十年。他性情耿直,常常直言不讳地指出皇帝的错误;他关心百姓疾苦,时常上书言事,但也曾因此遭受诽谤,被指责为越职言事。这一年,他上书议论河北军事,又不被采纳。经过一番深刻的思考后,他向皇帝请求到外地任职,随后被任命为杭州刺史。

杭州地处钱塘江下游,在秦统一前称余杭,秦统一后改成钱唐,隋朝才开始叫杭州,唐初的时候也叫钱塘。此时的西湖还不叫西湖,曾有武林水、明圣湖、金牛湖、龙川、钱源、钱塘湖、上湖等十几个名称。其风景还没有闻名全国,且因缺乏治理,长期的泥沙淤积导致汛期易泛滥成灾,旱情时又会严重干涸。当时西湖周边还多为农田,白居易来到杭州后,首要任务就是治理西湖,以恢复湖水的灌溉作用。

白居易行走在田间地头,倾听百姓诉求,实地考察西湖的现状,随后提出新的治水方案。他组织修筑湖堤，疏通河道，实现洪涝时蓄水、干旱时放水，充分发挥了西湖作为水利枢纽的功能。同时，他还减少放水灌溉的审批流程，有效解决了杭州一带的农田灌溉问题。此外还重修六井，将西湖水引入城内各处，解决城中百姓的饮水问题。工程竣工后，白居易还专门将自己的治水经验写成《钱塘湖石记》，并刻在石碑上，立在西湖边，供后人参考借鉴。

经过治理的西湖开始显露出它独特的魅力。白居易十分喜欢杭州西湖，曾写了二百多首关于西湖的诗词，《钱塘湖春行》就是其中的一首。

钱塘湖春行
[唐]白居易

孤山寺北贾亭西，水面初平云脚低。
几处早莺争暖树，谁家新燕啄春泥。
乱花渐欲迷人眼，浅草才能没马蹄。
最爱湖东行不足，绿杨阴里白沙堤。

从孤山寺的北面到贾亭的西面，春天湖水初涨，湖面刚刚与湖岸平齐，白云重重叠叠，同湖面上的波浪连成一片，看上去浮云很低。

几只早出的黄莺争着飞上向阳的树，不知谁家新来的燕子正衔着春泥在筑巢。

纷繁的花朵渐渐开放，使人眼花缭乱；浅浅的青草刚刚能够遮没马蹄。

最喜爱的是湖东的美景，它令人流连忘返。杨柳成排，绿荫中穿过一条白沙堤，真是美极了。

首联从大处落笔，写孤山寺所见之景。第一句点题交代游览地点，第二句用一个远景勾勒出白云低垂、与湖水相连的西湖早春轮廓。

颔联写西湖早春禽鸟的活动。先用"几处"说明早莺数量尚少，"谁家燕子"则暗示燕子刚开始筑巢，体现了初春的特点。又用"争""啄"两个动词生动描绘出早莺争树和春燕啄泥筑巢的动态场景图。从静到动，呈现了初春时节西湖的勃勃生机。

颈联从植物的变化入手，进一步描写西湖早春的景象。"乱"字写出了花的繁多，"浅"字写出了小草刚刚长出嫩芽的样子。此联是该诗的核心部分，写出了初春的盎然生机，是描写西湖春光的点睛之笔。

尾联写白沙堤之景，白沙堤也就是如今的白堤。白堤的名字就是后人为了纪念白居易而起。白居易用"最爱"直抒胸臆，表达了对西

湖春景的赞美热爱之情。用"行不足"形象地表现了对西湖美景的沉醉和流连忘返。

杭州西湖的闻名离不开白居易的贡献。杭州百姓记得白居易，白居易的一生也都牵挂着杭州。在晚年的时候，他还写下了"江南忆，最忆是杭州"的佳句。据说，在离开杭州后，他将自己的俸禄留在公库里，作为杭州官府的备用金，这体现了他的爱民之心。

二百多年后，杭州迎来了一位新的"市长"——苏轼。苏轼迫不及待，想去看看白居易笔下的西湖，然后写下"欲把西湖比西子，淡妆浓抹总相宜"的名句，再次提升西湖的名声。

后来，人们为了纪念白居易和苏轼对西湖的功绩，在西湖北面建立了一座"白苏二公祠"。他们的诗词和故事为杭州西湖的美景增添了浓厚的文化气息。

思考与启示

诗中生动地描绘了钱塘湖初春的美景，这启示我们要拥有一双善于发现美的眼睛。无论是公园里的一朵小花、天空中的一片云彩，还是山林中的一声鸟鸣，都可能带给我们美的享受和心灵的慰藉。这也告诉我们，在忙碌的日子里，不妨偶尔停下脚步，欣赏一朵花的绽放、感受一缕阳光的温暖，从这些美好中汲取积极向上的力量，让自己的生活更加充实而有意义。

拓展阅读

新乐府运动是怎么回事

　　新乐府运动是一场诗歌界的改革运动，由唐代诗人白居易、元稹、张籍、李绅等所倡导。唐朝在安史之乱后，社会出现了各种各样的问题：藩镇割据，各自为政；宦官权力太大，干预朝政；赋税繁重，老百姓不堪忍受，贫富差距越来越大。而这个时候，唐朝的诗歌大多和现实离得很远，内容空洞无物。一些有良心的诗人看到这些情况，就想仿照《诗经》和汉魏乐府诗，通过诗歌来反映社会现实，批评不良现象以期改变这种风气。他们希望像现在写新闻报道一样，将社会上发生的重要且不良的事情记录下来。

　　白居易就是这场运动的领军人物，他主张继承《诗经》"风雅比兴"的传统和杜甫的创作精神，反对"嘲风雪，弄花草"而别无寄托的作品。他认为文章应该为时事而著作，诗歌应该为现实而创作。他赞赏杜甫写的《石壕吏》《潼关吏》《新安吏》这样反映现实生活的诗篇，虽然对陶渊明、李白等人的才华给予肯定，但是并不推崇他们那种脱离现实的创作风格。

　　比如，白居易写的《卖炭翁》就讲了一个卖炭的老翁的悲惨遭遇：他辛辛苦苦烧制的炭被宫里的人用很低的价格抢走了。白居易就通过这首诗揭露了当时社会的黑暗面。

　　元稹也是这场运动中的重要人物之一，他的《田家词》把农民被赋税压得喘不过气来的悲惨生活描绘得很详细，让人们深切感受到农民的艰辛。张籍的诗歌则揭示了战争给老百姓带来的苦难；王建的诗歌则写了纤夫的悲惨遭遇；李绅的《悯农》更是广为流传，"谁知盘中餐，粒粒皆辛苦"道出了农民劳作的艰辛和粮食的来之不易。

　　后来，晚唐和宋代的一些诗人，如皮日休、杜荀鹤、梅尧臣、苏舜钦等，都受到新乐府运动的启发，创作了大量反映社会问题的诗歌。

泊秦淮

> 商女不知亡国恨，隔江犹唱后庭花。
>
> （选自《全唐诗·卷五二三》）

杜牧出生于唐德宗贞元十九年（803 年），出身名门望族，其十六世祖杜预是晋代镇南大将军，曾祖父杜希望文武双全，深受唐玄宗器重，祖父杜佑官至宰相，历经三朝，影响力极大。

杜牧十几岁时，已遍读经史，文采斐然，二十三岁时创作了著名的《阿房宫赋》。该赋讲述了秦朝所建阿房宫的壮丽及宫廷生活的荒淫奢靡，进而揭露其搜刮民财、挥霍无度的行径，归纳国家灭亡的原因，以此讽谏唐敬宗大兴土木的行为。这篇《阿房宫赋》让杜牧名动洛阳。

文宗大和二年（828 年），杜牧参加进士考试，因《阿房宫赋》被太学博士吴武陵看中并推荐，最终高中进士。

而此时，朝廷正陷入旷日持久的"牛李党争"。身负才华的杜牧虽与牛党、李党人物都有交往，但他性格刚直，不愿趋炎附势，不轻易依附任何一方，所以两党均未对他予以重用。朝廷政治的腐败让杜牧感到失望和厌倦。最终，杜牧决定远离朝廷中的纷争，请求外放任职。

辗转多地，来到金陵后，杜牧在一天傍晚泊舟秦淮河畔，目睹灯红酒绿的繁华景象，听到轻歌曼曲的靡靡之音，这些景象与声音触动了他内心深处的忧国忧民之情。想到唐朝国势日衰，当权者却仍然沉迷于享乐之中、不思进取，他不禁感慨万千，于是写下一首《泊秦淮》。

泊秦淮
[唐]杜牧

烟笼寒水月笼沙，夜泊秦淮近酒家。
商女不知亡国恨，隔江犹唱后庭花。

迷离的月色和轻烟笼罩着寒冷的秦淮河水和河岸边的沙滩。在夜里，我的小船停靠在秦淮河畔，靠近岸上的酒家。

卖唱的歌女不知道亡国的悲和恨，隔着江水依旧在唱着《玉树后庭花》。

首句两个"笼"字巧妙地将烟、水、月、沙四种景物融合在一起，使得整个画面似乎被一层淡淡的哀愁所笼罩，让读者能够深切地感受到杜牧所身处的那个时代的沉闷与压抑。

次句"夜泊"一词给人一种漂泊无依、孤独寂寞之感，从侧面表现了杜牧在晚唐社会动荡不安的背景下内心的迷茫与惆怅。而"近酒家"则巧妙地引出了下文对商女歌声的描写，同时也从侧面表现了秦淮河畔纸醉金迷、灯红酒绿的生活，与当时唐朝国势日衰形成鲜明对比，更引发了诗人对国家命运的忧虑和对统治者的批判之情。

第三句看似杜牧将批判的矛头直接指向了卖唱的歌女，说她们不懂得亡国之恨，然而，这其实是一种曲笔，真正"不知亡国恨"的并非商女，而是那些在背后欣赏歌曲、醉生梦死的封建贵族、官僚豪绅们。歌女们只是为了生计而卖唱，她们所唱的歌曲是由听者的趣味所决定的。杜牧通过对商女的指责，更加深刻地讽刺了那些不顾国家安危、只知寻欢作乐的晚唐统治者，揭露了他们的昏庸、腐朽。

最后一句中的"隔江"二字，承上启下，联想到当年隋兵陈师江北，一江之隔的南朝小朝廷危在旦夕，而陈后主却依然沉湎于声色的历史场景。"犹唱"二字意味深长，它将历史与现实紧密地联系在一起。歌女们在晚唐的秦淮河畔依旧唱着那首象征着亡国之音的《玉树后庭花》，仿佛预示着历史的悲剧即将重演，进一步深化了杜牧对晚唐社会的忧虑和对国家命运的关切之情，使全诗的主题得到了升华。

杜牧的诗在晚唐成就颇高，后人仿杜甫"老杜"之称，将其称为"小杜"，又与李商隐并称"小李杜"。只可惜杜牧生不逢时，晚唐社会江河日下，他一生辗转于多个地方担任官职。虽然在任期间政绩突出，关心百姓疾苦，但始终未能进入中央核心决策层，无法从根本上改变国家的命运和现状。他只能在诗歌中抒发自己的忧国忧民之情和怀才不遇之愤。最终，杜牧于唐宣宗大中七年（853年）冬天病重逝世，终年五十岁。

思考与启示

当时唐朝已呈现出明显的衰败迹象,而秦淮河边依旧歌舞升平。这提醒我们在看似太平繁荣的时期,也不能放松警惕,要时刻保持清醒的头脑,居安思危,对潜在的危机和问题要有敏锐的洞察力,做到防患于未然。同时,每个人都应当承担起相应的社会责任,对于社会中的不良现象要敢于发声、勇于批判,积极为社会的进步和发展贡献自己的力量。但在行动时,也要注意根据实际情况评估风险,确保自身安全,避免不必要的危险,而不是选择置身事外,冷漠以对。

拓展阅读

"牛李党争"是怎么回事

"牛李党争"指的是唐朝中晚期统治集团内部争权夺利的党派斗争,持续时间将近四十年,对唐朝的政治、社会等诸多方面产生了深远的影响。

以牛僧孺、李宗闵为代表的"牛党",其成员大多是通过科举考试脱颖而出的普通人家的子弟。他们重视科举取士的公平性，希望通过科举为更多庶族子弟提供晋升的通道，以此来扩大自己的政治影响力。

另一拨是以李德裕为首的"李党"，这里面有不少人出身名门望族，他们对科举制度有一定的抵触情绪，认为门第出身更为重要。世家大族在文化、政治传统等方面有着深厚的底蕴，因此主张其在政治中应占据主导地位。这种观念上的差异，是两党产生矛盾的一个重要原因。

最开始，在一场科举考试中，牛僧孺、李宗闵因写文章批评朝政而触怒当时的宰相李吉甫（李德裕的父亲）。李吉甫就向皇帝告状，导致考官被贬，牛僧孺等人很长时间未能升迁。

后来，在另一次科举考试中，李宗闵的亲戚涉嫌作弊。李德裕当时是翰林学士，他支持调查这件事，李宗闵等人再次受到牵连，两党之间的矛盾就越来越深。

在国家大事上，两党也有不同意见。比如，对待那些不听中央命令的藩镇，"牛党"认为唐朝经过战乱，已元气大伤，不宜与藩镇硬碰硬，主张给予他们好处，维持表面的和平。"李党"觉得必须得强硬，认为要强化中央集权，不能让藩镇这么嚣张。

在唐文宗时期，这两拨人的斗争进入白热化阶段，像走马灯似的轮流当宰相，一方掌权就开始排挤打击另一方。比如，在"甘露之变"中，宦官在朝廷里杀了好多官员。在这个混乱的时候，两党借着宦官之间的矛盾互相攻击。

到了唐武宗会昌年间，李德裕得到皇帝信任当了宰相。他采取了一系列措施，打击藩镇、压制宦官势力，很有成效。同时，他也没忘了打压"牛党",把牛僧孺、李宗闵这些人贬至偏远的地区。

　　唐宣宗时期,"牛党"得势。由于宣宗不喜欢李德裕,"牛党"里的白敏中当了宰相后,就开始对"李党"进行打压。李德裕因此被一贬再贬,最后在崖州去世。随着李德裕失势,这场持续了差不多四十年的"牛李党争"逐渐落下帷幕,不过,唐朝朝廷也在这场争斗中伤了元气。

典籍里的中国·诗词文化

《宋六十名家词》

现存刻印最早的宋词总集

关于作品

《宋六十名家词》：又称《宋名家词》，收录了晏殊的《珠玉词》、欧阳修的《六一词》、柳永的《乐章集》、苏轼的《东坡词》等名家词作，一共六十一家九十一卷。毛晋在每家词集后面附以跋语，或评论作者，或补充说明版本等情况。因随收随刻，所以各家的排列顺序并不依时代先后。

关于作者

毛晋（1599—1659）：字子晋，号潜在。常熟（今属江苏）人。明末清初藏书家，藏书八万四千余册，多宋元刻本，建汲古阁、目耕楼以储之。曾校刻《十三经》《十七史》《津逮秘书》《六十种曲》等。好抄录罕见秘籍，缮写精良，后人称为"毛钞"。

雨霖铃·寒蝉凄切

> 多情自古伤离别，更那堪冷落清秋节！
>
> （选自《宋六十名家词·乐章集》）

到宋仁宗时期，词已经成为一种很常见的文学体裁，只不过，它始终是文人士大夫的一种消遣娱乐，在市民阶层中并没有流行起来。直到柳永的出现，这种局面才被打破了，词真正进入了市井百姓的日常生活中。

柳永，原名柳三变，字景庄，后来改名为柳永，字耆（qí）卿，因排行第七，所以别名为柳七。关于柳永改名的原因，据南宋吴曾的笔记《能改斋漫录》记载，和他的科举经历有关。

柳永年少时就显露出才气，咸平五年（1002年），他从家乡崇安（今福建武夷山市）出发，带着全家人的期望前往北宋的都城汴（biàn）京（今河南开封市）参加科举考试。途经苏杭，柳永被苏杭的美景和繁华所吸引，这一停留就待了大约六年时间。在这期间，他充分发挥自己善于填词的才能，流连于酒肆歌坊，为歌女写曲填词，写下如

《西江月》等词作。然而，这些词作，被传统文人士大夫视为格调低俗，他们看不起柳永，认为他丢了文人的脸面。

随着歌女的传唱，柳永的词越来越有名，达到了"凡有井水饮处，皆能歌柳词"的地步，他的词也从苏杭传到了汴京。

自负有才又颇具名气，柳永以为自己能在科举中一举夺魁，没想到却名落孙山。他备感失落，赌气写下了一首词，名叫《鹤冲天·黄金榜上》，其中有"才子词人，自是白衣卿相""忍把浮名，换了浅斟低唱"之句。

大体意思是说，何必为功名患得患失，不如享受风流的生活，把功名换成杯中美酒和耳畔的歌唱。当初柳永写《望海潮·东南形胜》希望能得到上层人物的垂青，却无人理会，而这次赌气写下的《鹤冲天·黄金榜上》，却不巧被当朝皇帝看到，以至于后来柳永终于考试中榜，却被皇帝批了四个字"且去填词"，将其名字从榜单中划去。遭此打击，柳永只好自嘲为"奉旨填词"。

一年又一年，到了公元1024年，柳永已经三十八岁。他离家二十二年，在汴京漂泊十六年，屡次科举失败。内心十分沮丧的他决定离开这伤心之地，一路南下回到江南水乡。

这天,柳永和一位红颜知己在长亭话别,写下这首著名的离别之作《雨霖铃·寒蝉凄切》。

雨霖铃·寒蝉凄切
[宋]柳永

寒蝉凄切,对长亭晚,骤雨初歇。都门帐饮无绪,留恋处,兰舟催发。执手相看泪眼,竟无语凝噎。念去去,千里烟波,暮霭沉沉楚天阔。
多情自古伤离别,更那堪冷落清秋节!今宵酒醒何处?杨柳岸,晓风残月。此去经年,应是良辰好景虚设。便纵有千种风情,更与何人说?

在这个秋日的傍晚,寒蝉凄切地鸣叫着,对着长亭,时近黄昏,骤雨刚刚停歇。在都城门外的帐幕中,我无心饮酒,思绪纷乱。在分别的时刻,兰舟催促出发,我们执手相看泪眼,竟然哽咽无法言语。心中想着,这一去将是千里烟波,暮霭沉沉笼罩着楚地的天空,我们何时才能再相见?

自古以来,多情的人总是容易在离别时伤感,更何况是在这冷落清秋的时节。今宵酒醒后,我将身处何处?恐怕是在杨柳岸边,晓风轻拂,残月高悬之处吧。这一去经年累月,我将会遇到无数的良辰好景,但那些都无法安慰我内心的孤独。即便有千种风情,又能与谁诉说?

整首词以"伤离别"为词眼,以时间为序展开叙述。
上阕写离别前和离别时的环境和情态。

离别前，"寒蝉凄切，对长亭晚，骤雨初歇"。"寒蝉"是初秋的蝉，叫声凄凉，交代了时间；"长亭"是古代交通要道旁边、每隔十里修建的行人休息处，交代了地点；"骤雨"交代此刻的天气状况，凉意彻骨。三个意象紧密相连，勾勒出一幅凄清寒凉的秋雨黄昏送别图。

离别时，"都门帐饮无绪，留恋处，兰舟催发。执手相看泪眼，竟无语凝噎"。这里运用了白描的手法，实写与红颜知己离别时有千言万语却无语凝噎的难舍情态。而"千里烟波""暮霭沉沉"，则是柳永的想象之景，虚景实写，在情绪上借景抒情，在结构上承上启下，由写实转入写虚。

词的下阕，将眼前之景延伸到对离别之后的想象。

"多情自古伤离别，更那堪冷落清秋节！""自古"两个字使这首词颇具时空感，仿佛此时此刻的柳永与古往今来的多情客一起，成了秋日离愁的一个注解！然后词人借用不同的意象烘托凄楚惆怅、孤独忧伤的情感，比如"酒"象征着愁绪与无奈；"柳"的谐音为"留"，古人有折柳送行的风俗，折柳赠人是希望对方留下来，所以柳有惜别怀远的象征意味；"晓风残月"则象征着离别后难再团圆的凄凉。

"此去经年,应是良辰好景虚设。便纵有千种风情,更与何人说?"柳永更深一层地推想出离别以后无人倾诉的凄惨境况,把他的思念之情、伤感之意刻画到了细致入微、至尽至极的地步,也传达出彼此深切的关怀。结句用问句形式,感情显得更强烈。

此次离别以后,柳永并未放弃对功名的追求。据记载,他为求取功名,将柳三变改名为柳永,终于在景祐元年(1034年)考中进士,官至屯田员外郎,世称"柳屯田"。

公元1053年,柳永去世,离开了这个既让他饱经折磨又让他千古留名的世界。无论是皇帝还是士大夫阶层,都看不起他,只有市井街头的百姓和酒肆中的歌女喜欢吟唱他的词。柳永的词兼具婉约与豪放之美,他是第一位对宋词进行全面革新的词人,对宋词的发展起到了重要作用,成为宋词婉约派的代表人物。

思考与启示

人生中难免会遭遇离别,《雨霖铃·寒蝉凄切》中柳永对离别的描写,让我们看到了他在痛苦面前的无奈和哀伤。这深刻启示我们,真挚情感是无比珍贵的。在生活中,我们要珍惜身边的亲人、朋友,重视与他们相处的时光,不忽视或伤害彼此之间的感情。同时,我们要勇敢地表达自己的情感,及时地向他人传达爱与关怀,以免留下遗憾。

拓展阅读

词牌里的故事

词,文体名。诗歌的一种。古代的词,最初是配合音乐来歌唱的,因此唐、五代时多称为"曲""杂曲"或"曲子词"。因句子长短不一,故也称长短句。有的按词制调,有的依调填词,曲调的名称就是词牌,其通常根据词的内容而定。

词萌芽于隋唐之际(一说萌芽于南朝),与燕乐的盛行有关,形成于唐代,盛行于宋代,另有诗余、乐府、琴趣、乐章等别称。

到宋代,词不断发展变化,主要根据曲调来填词,此时词牌与词的内容并不完全相关。后来,词完全脱离曲之后,词牌便成为文字、音韵结构的一种定式,并通常决定词的平仄。

据不完全统计,词牌大约有一千多个,常见的词牌有几十种,如《雨霖铃》《水调歌头》《浣溪沙》《清平乐(yuè)》《如梦令》等,这些词牌都有着不同的出处。

比如《雨霖铃》,相传安史之乱爆发,唐玄宗仓皇逃往蜀中避难,途经马嵬驿时遭遇兵变,士兵们高呼要求处死祸国殃民的宰相杨国忠和杨贵妃,唐玄宗只能忍痛割爱,下令缢死杨贵妃。后来,在入蜀的栈道上,如泣如诉的秋雨敲打着皇家马车上的銮铃,唐玄宗再也抑制不住对贵妃的思念之情,于是命张野狐根据雨声、铃声编成《雨霖铃》曲,以此寄托哀思。

《清平乐》相传是李白所创。开元年间,宫苑里初种牡丹,竞相盛放,玄宗和杨贵妃一行人前去赏花。当供职乐师李龟年手拿檀板站在众多乐人前将要演唱时,玄宗因他用旧词而不满意,随即命李龟年去寻李白,让李白速速献上《清平调》三首,李白奉旨作好词后,玄宗就命众多梨园弟子依曲调,抚丝竹,唱新词。

《念奴娇》据传是唐天宝年间著名歌女念奴所唱曲调。念奴的歌声音调高亢,各种嘈杂的钟鼓笙竽都掩盖不住她的声音,后人遂取此曲名为调名。

《水调歌头》相传为隋炀帝开汴河时所制。在唐代,《水调》成为唐人大曲,唐代大曲分为"散序""中序""入破"三部分,"歌头"就是"中序"的第一章。此词调可能是截取其首段而成。

《虞(yú)美人》则取名于项羽的宠姬虞姬。据记载,项羽军队驻扎在垓(gāi)下,少兵缺粮,又被汉军重重包围。晚上,汉军在楚军四面唱起了楚歌,项羽听到后大惊,以为楚人都被汉军降伏了。惆怅不已的项羽饮起了酒,唱起了悲歌:"力拔山兮气盖世,时不利兮骓(zhuī)不逝。骓不逝兮可奈何,虞兮虞兮奈若何!"往复唱了数遍。虞姬也唱道:"汉兵已略地,四面楚歌声。大王意气尽,贱妾何聊生。"歌毕,就自刎而死了。

浣溪沙·一曲新词酒一杯

> 无可奈何花落去，似曾相识燕归来。
>
> （选自《宋六十名家词·珠玉词》）

晏殊，字同叔，抚州临川（今江西抚州）人，北宋婉约派词人。晏殊七岁能撰文，以神童身份被举荐给皇帝，赐进士出身，官至宰相，有"宰相词人"之称。他擅长写作小令，词风含蓄婉丽，情感表达细腻而不张扬，表现出一种清新脱俗的气质。与欧阳修并称"晏欧"，与他的第七子晏几道并称为"大晏"和"小晏"。

沈括在《梦溪笔谈》中记载了两件关于晏殊的事，足以看出晏殊的性格特点。一是晏殊作为神童参加殿试时，看到试题后直言自己十日前已做过此题目，请求另换题目，为此宋真宗对他的诚实大为赞扬；第二件事情是晏殊入职以后，同僚们常常一起欢聚畅饮，但晏殊从不参与，常常独自在家与兄弟一起读书。皇帝听说之后就宣召他当太子属官，夸奖他恭谨敦厚，但晏殊却回答说："我是因为家里穷，要是有钱，我也会一起去参加聚会。"皇帝听了后，更加欣赏他的诚实。后来晏殊果真得到重用，一生仕途顺遂，历任显官要职。安逸的生活让他不用担心生计，有足够的时间去思考人生和进行创作，因此晏殊的词往往散淡闲适。

根据《复斋漫录》记载，有一次晏殊出差路过扬州，暂住在大明寺。这座远近闻名的古刹中有一面很特别的墙壁，上面写满了过往文人墨客的题诗。晏殊闲来无事，便让随行的侍从诵读墙壁上的诗词，并告诫侍从不要说出作者的官爵、乡里和姓名。读了好一会儿都没有遇到佳作，正有点不耐烦的时候，侍从又读了一首诗："水调隋宫曲，当年亦九成。哀音已亡国，废沼尚留名。仪凤终陈迹，鸣蛙只沸声。凄凉不可问，落日下芜城。"

"好诗！这是何人所写？"晏殊惊喜地询问后得知这是江都尉王琪所写。于是晏殊设宴招待王琪。两人一起用餐，之后又一同在池塘边漫步游览。当时正值暮春时节，已经有落花了。晏殊说："我每次想起诗句，就写在墙壁上，有的过了一年都对不出下句。比如这句'无可奈何花落去'，到现在都还没想出满意的下句。"

王琪听后立刻应声回答道："似曾相识燕归来。"

晏殊听后非常高兴，越发赏识眼前这个年轻人，于是就提拔他到身边任职。有了这一联浑然天成的对子，晏殊文思泉涌，一挥而就写成了一首广为流传的词作——《浣溪沙》。

浣溪沙·一曲新词酒一杯

[宋]晏殊

一曲新词酒一杯,去年天气旧亭台。夕阳西下几时回?
无可奈何花落去,似曾相识燕归来。小园香径独徘徊。

听一支新曲,品尝一杯美酒,还是去年的天气旧日的亭台。西落的夕阳何时才能再次东升?

那花儿落去,我也无可奈何;那归来的燕子,似曾相识。我独自在小园的花径上徘徊。

这首词跟晏殊一贯的词作风格相符,没有夺人眼球的辞藻,也没有震撼人心的情感冲突。所有的意象组合在一起,呈现出来的画面也是淡淡的,但是隐隐约约之中,好像有一种孤独感在萦绕。

"一曲新词酒一杯,去年天气旧亭台。"写的是晏殊一边填词一边饮酒的场景。一开始,新酒新词让人轻松喜悦,似乎主人公十分醉心

于宴饮涵泳之乐。然而，话锋一转，暮春天气与往年别无二致，亭台楼阁也在时光面前保持不变，一种隐忧出现了：一切依旧的表象下，分明有某些东西在悄然改变，置身其中的作者既说不清楚也不愿意说清楚。

夕阳西下，是无法阻止的，人们只能寄希望于它的东升再现，而时光的流逝、人事的变更，却再也无法重复。细品"几时回"三字，所折射出的似乎是一种期盼其返却又深知难返的心境。

"无可奈何花落去，似曾相识燕归来。""无可奈何"承接上一句的"夕阳西下"意境，将人们对自然规律无法抗拒的无奈和惋惜之情都浓缩在这四个字里。在这暮春天气中，并非只有无可奈何的凋零，不是还有归来的燕子吗？它们或许是去年在此安家的旧相识吧？词人无法确定，但伤春惜春之情已经抑制不住了。

"小园香径独徘徊"，不如让自己沉浸在这一片哀愁的情景中吧。

思考与启示

词中提到"一曲新词酒一杯，去年天气旧亭台"，看似一切如旧，但其实时光已悄然流逝。这提醒我们要珍惜当下所拥有的人和事，不要总是在回忆过去或憧憬未来中忽略了眼前的美好。就像与家人相处的时光、与朋友相聚的时刻，都应该用心去感受和珍惜，因为这些瞬间都是独一无二的，一旦错过便不再重来。

拓展阅读

为什么有的词长,有的词短?

宋词的形式多样,风格各异,可从不同角度进行分类。比如我们熟知的按照风格分的婉约派和豪放派。婉约派的特点是内容多侧重儿女情长,结构精巧缜密,音律和谐婉转,语言圆润绮丽,具有一种柔婉之美,代表人物有晏殊、李清照、柳永、秦观、周邦彦等。豪放派的特点则是多抒发豪情壮志或悲愤之情,创作视野更加广阔,风格恢宏豪放,且用典较多,代表人物是苏轼、辛弃疾等。

按照字数,宋词则可以分为小令、中调和长调。小令的字数一般在五十八字以内,短小精悍,通常能够简洁明快地表达情感或描绘场景。晏殊就很擅长小令,这首《浣溪沙》就是一首小令,看起来比其他词都短很多。中调的字数在五十九字至九十字之间,长短适中,内容更丰富,情感表达也更复杂,比如苏轼的《江城子·密州出猎》。长调的字数在九十一字以上,内容篇幅较长,适合叙述较为复杂的事件或表达深沉的情感,比如柳永的《戚氏·晚秋天》。

江城子·密州出猎

> 会挽雕弓如满月,西北望,射天狼。
>
> （选自《宋六十名家词·东坡词》）

公元 1101 年的秋天,苏轼在毗（pí）陵（今常州）病逝。在刚得病时,苏轼就写信给自己的弟弟苏辙,嘱咐他说:"即死,葬我嵩山下,子为我铭。"这里的"铭"就是指墓志铭。苏辙含泪写下《东坡先生墓志铭》,讲述了这位天才文豪的坎坷一生。

苏轼,字子瞻,号东坡居士,家族世代居住在眉山（今属四川）。十岁时,父亲苏洵到外地宦游,因此苏轼由母亲亲自教授诗书,幼时的他已显露出经世济民之志。

成人以后,苏轼每天能写几千字的文章。参加欧阳修主持的礼部进士考试时,欧阳修看到他的《刑赏忠厚之至论》,以为他是奇才,想把他列为第一,但又怀疑这篇文章是自己的门生曾巩所写,所以便将苏轼排在了第二位。但在接下来的考试中,苏轼又取得了第一名。

苏轼虽然才能出众,但他的仕途并不顺利。由于性格耿直,且和王安石政见多有不合,在官场上他总是被新党多方刁难。为了避开这些纷争,苏轼主动请求外放到地方任职。

他在杭州做官,疏浚(jùn)河流,建设苏堤防止西湖再次淤塞,深受百姓爱戴;他到密州做官,帮助当地百姓解决治安问题;在徐州做官,为了防洪抗洪,他在暴雨日住在城墙上,指挥官吏,护住了城池,并修筑了城墙;他在湖州做官,新党制造了乌台诗案,结案后苏轼被贬到黄州;在黄州,他于田间劳作,在东坡筑屋而居,自称为"东坡居士"……苏轼一生都没有得到重用,辗转于各个地方任职,但他心系百姓,多干实事,深受百姓爱戴。

《江城子·密州出猎》写于他在密州任职期间。当时是他来密州的第二年,在祭祀常山山神回来的路上,他举行了一次围猎。猎场上,旌(jīng)旗猎猎,战鼓雷鸣。苏轼弯弓射中猎物后,难抑激动之情,写下了《江城子·密州出猎》。

江城子·密州出猎
[宋]苏轼

老夫聊发少年狂。左牵黄,右擎苍。锦帽貂裘(qiú),千骑卷平冈。为报倾城随太守,亲射虎,看孙郎。

酒酣胸胆尚开张。鬓微霜,又何妨!持节云中,何日遣冯唐?会挽雕弓如满月,西北望,射天狼。

我姑且抒发一下少年的豪情壮志:左手牵着黄犬,右臂托着苍鹰,头戴锦帽，身披貂裘，带领着浩浩荡荡的大部队像疾风一样席卷平坦的山冈。为了报答全城人随我出猎的盛意，我要亲手射杀猛虎，让大家看看孙权当年射虎的英姿。

我痛饮美酒，胸襟开阔，胆气豪迈。两鬓虽已微微发白，但这又何妨？什么时候皇帝能像汉文帝派遣冯唐去云中赦免魏尚一样信任我呢？到那时，我将使劲拉满雕弓如满月，瞄准西北方向，射向象征侵略者的天狼星。

开篇一句"老夫聊发少年狂"，一个"狂"字，如同"词眼"一般奠定了全篇的情感基调。词人左手牵黄犬，右臂架苍鹰，出猎的派头摆了个十足。头戴锦帽、身穿貂裘，浩浩荡荡的大部队以他为首领，席卷平坦的山冈。他带着全城百姓的盼望，发誓要亲自射杀老虎，重现孙权当年射虎的英姿。

其实，当时的苏轼还不到四十岁，虽然不再年轻，但绝对不算老。只不过朝廷局势风云变幻，自己纵有满腹才华，也没法尽情施展。他担心自己的生命就这样平淡无奇地度过，因此，不如趁豪情尚存，挥洒一把少年狂气。

下阕开始，由实入虚。"酒酣胸胆尚开张"，词人畅饮美酒，心胸顿然开阔。两鬓微微发白，又有什么关系呢？仁人志士的目光，不应该局限于眼前。

"持节云中，何日遣冯唐？"这一句中有一个典故。说的是汉文帝时期，云中太守魏尚抗击匈奴立下战功，但因报功不实而被削职查办。后来，大臣冯唐劝服汉文帝赦免魏尚，还亲自拿着符节前往云中，让他官复原职。苏轼引用这个典故，是希望朝廷可以像赦免魏尚一样重新启用自己，最好能委以边任，让自己带兵抗击西夏。

"会挽雕弓如满月，西北望，射天狼。"苏轼表示将竭尽全力，把雕花之弓拉得像满月一样。"天狼"指的是天狼星，古人认为它是主战争的星象，这里暗指侵犯北宋边境的辽国与西夏。词人最后为自己勾勒了一个挽弓劲射的英雄形象，希望手中的利箭直指西北方向的宿敌。

这首词一经问世，便在盛行浅斟低唱的北宋词坛上开辟了一条崭新的风格道路。它与众不同，让当时的人们猛然意识到，原来词不仅可以写闺中女子，还可以写英雄好汉；不仅能写离愁别绪，还可以表达雄心壮志；不仅能写此情此景，还可以怀古咏史。题材范围的扩大，主旨思想的提升，让这首词成为豪放派的标杆之作，也为词这种文学形式的发展注入了新的活力。正如宋代文学家王灼所说，苏词"指出向上一路，新天下耳目，弄笔者始知自振"。

思考与启示

> 苏轼通过这首词大胆地表达了自己的想法、情感和抱负，毫不掩饰自己的豪情壮志。这启示我们在生活中要勇于表达自己的真实想法和感受，不要过于压抑自己的个性和情感。只有勇敢地表达自我，才能让他人更好地了解自己，也更容易获得他人的认可和支持。

拓展阅读

苏轼和苏辙的兄弟情

苏轼和父亲苏洵、弟弟苏辙被后世称为"三苏",苏洵称老苏,苏轼称大苏,苏辙称小苏。其中,苏轼的文学成就最高,在诗、词、散文领域都有重要地位,苏洵、苏辙则长于策论散文,三人皆入"唐宋八大家"之列。

苏轼和苏辙两兄弟感情深厚。苏轼自请去密州任职,就是因为他的弟弟苏辙在济南任职,他希望能离弟弟近一些。但因为公务繁忙,此后两年他们都没能相见,思念之情难以抑制。在1076年的中秋节,苏轼满怀深情地写下了著名的《水调歌头·明月几时有》。

除此之外,苏轼和苏辙还创作了很多与对方相关的诗篇。苏辙字子由,据统计,苏轼诗词中出现"子由"一词的频次极高,有二百多次,题目中含"子由"二字的诗词超过一百首,如《示子由》《别子由》《怀子由》《和子由》等,可见两人感情之深厚。

兄弟两人在文学修养方面高度契合。苏轼写诗文,往往只愿意与弟弟分享,因为他认为苏辙最能理解自己真正想要表达的是什么。而在性格方面,两兄弟却大相径庭,苏轼的性格轻快、开朗、好辩,而苏辙的性格则沉稳、拘谨、寡言。

二人在政治上共进退,生活上互相扶持。苏轼遭遇乌台诗案后,苏辙得知消息后立马派人星夜兼程告诉苏轼,让他有所准备;紧接着,苏辙上书朝廷，表示自己愿意辞去所有的官职，以抵偿兄长的罪过。那时候，苏辙虽然还处于被打压的状态，但是他的仕途刚刚出现转机，为了营救苏轼，他宁愿再次触怒当权派。但朝廷驳回了苏辙的请求，苏轼锒（láng）铛（dāng）下狱。

在狱中，苏轼自忖命不久矣，于是写下了一首绝命诗《狱中示子由》，里面有这样几句："与君今世为兄弟，又结来生未了因。"意思是说，今生有幸和你成了兄弟，让我们来生继续如此，来了结今生未了的因果。

苏辙在《逍遥堂会宿二首》中写道，他们年少时，曾一起"相约早退，为闲居之乐"。尽管之后聚少离多，但他们一直念念不忘这个约定。后来，苏轼病逝于常州，临终前一直念叨着弟弟的名字，希望弟弟将其葬在嵩山脚下。常州在江苏，而嵩山在河南，至于为何要葬在河南，则是因为当时弟弟苏辙定居在河南颍川，与嵩山邻近。苏辙按照苏轼遗愿，将苏轼安葬在颍川附近的郏（jiá）县中岳嵩山南麓的小峨眉山，十一年后，苏辙去世，葬于苏轼墓旁。

永遇乐·京口北固亭怀古

> 舞榭歌台，风流总被，雨打风吹去。
>
> （选自《宋六十名家词·稼轩词》）

辛弃疾出生时，中原已为金兵所占，在祖父辛赞的影响下，辛弃疾从小立下驱逐金人、收复中原的志向。

二十一岁的时候，辛弃疾加入抗金义军首领耿京的队伍。当时，有一个曾和辛弃疾交好的和尚义端竟在一天深夜偷走了耿京的帅印。耿京大怒，要杀辛弃疾。辛弃疾说："宽限我三天，若抓不住他，再受死不迟。"辛弃疾揣测义端会把军中虚实告诉金帅，于是一路狂奔抓获了他，果断将其斩首。从此，耿京更加看重辛弃疾。

耿京的义军发展至二十五万人时，辛弃疾劝耿京归顺南宋朝廷。耿京同意，命辛弃疾奉表归宋。高宗在建康慰劳军队时召见了辛弃疾，高兴地接受了耿京的奉表，对二人进行封赏，并召耿京南归。可此时，耿京却被投降金人的叛徒张安国杀害。辛弃疾当机立断，直奔金营，把正与金将酣饮的张安国抓起绑走，全身而退。张安国后来被斩首于市。朝廷因此没有取消给辛弃疾的官职，这时辛弃疾不过二十三岁。

乾道四年（1168年），辛弃疾作《九议》《美芹十论》等献给朝廷，要求加强作战准备，激励士气，以恢复中原。然而，他所提的建议均未被采纳。

此后，辛弃疾长期落职闲居于江西上饶、铅山一带，但他总是尽自己所能为百姓做事，减轻百姓赋税，招收流散民众，训练民兵，商议屯田，赈灾救荒等，赢得了广泛赞誉。

宋宁宗开禧元年（1205年），权臣韩侂（tuō）胄（zhòu）专政。这个人在《宋史》中被列入"奸臣"传中，但他实际上是一个力主北伐的抗金派。他尊崇并追封岳飞为鄂王，追削秦桧（huì）的官爵，将秦桧的谥号改为"缪丑"。为了取得北伐的胜利，韩侂胄启用了大批爱国志士，其中就有辛弃疾。辛弃疾被任命为镇江府知府，这一年他已经六十五岁了。上任途中，辛弃疾在镇江京口的北固亭登临远眺，触景伤情，兼之感怀身世，便提笔写下《永遇乐·京口北固亭怀古》。

永遇乐·京口北固亭怀古
[宋] 辛弃疾

千古江山，英雄无觅，孙仲谋处。舞榭歌台，风流总被，雨打风吹去。斜阳草树，寻常巷陌，人道寄奴曾住。想当年，金戈铁马，气吞万里如虎。

元嘉草草，封狼居胥，赢得仓皇北顾。四十三年，望中犹记，烽火扬州路。可堪回首，佛（bì）狸祠下，一片神鸦社鼓。凭谁问：廉颇老矣，尚能饭否？

历经千古的江山，再也难找到像孙权那样的英雄。当年的舞榭歌台还在，那些英雄人物却早已随着岁月的流逝不复存在。斜阳照着长满草树的小巷，人们说那是当年宋武帝刘裕曾居住的地方。回想当年，他两次率领东晋军队北伐，收复失地，是何等的威猛，气势如猛虎一般，有气吞万里之势。

宋文帝兴兵北伐多么轻率鲁莽，妄图建立不朽战功封狼居胥，却落得仓皇逃命，北望追兵，泪下无数的结果。我南归已经有四十三年了，遥望中原，还记得那扬州一带抗金的烽火。怎能回首啊，在佛狸祠下，神鸦叫声应和着喧闹的社鼓。还有谁会问：廉颇老了，饭量还好吗？

辛弃疾词以豪放悲愤著称，除此之外，辛词的另一大特色就是用典。在这首词中就涉及了五个典故。

在词的上阕，作者用了两个典故。

"孙仲谋"指的是三国时期吴国国主孙权，他曾建都京口，后迁都建康，是公认的英雄豪杰。辛弃疾借孙权的典故，感慨如今的朝廷缺乏像孙权那样能够抵御北方强敌的英雄人物，表达了对当时南宋朝廷偏安一隅、不思进取的批判，以及对英雄人物的渴望。

"寄奴"指的是世居京口的南朝宋开国皇帝刘裕，他出身贫寒，后来投身戎马，凭借着巧妙布阵，赢下无数以少胜多之战，在北伐战争中所向披靡，被称为"南朝第一帝"。辛弃疾借刘裕的典故，表达了对其北伐收复失地的钦佩和赞赏之情，同时也暗示了南宋朝廷应该像刘裕那样积极进取，收复北方失地。

在词的下阕，作者用了三个典故。

"元嘉草草，封狼居胥，赢得仓皇北顾。""元嘉"是宋文帝刘义隆的年号。元嘉二十七年（450年），宋文帝命王玄谟（mó）北伐北魏拓跋氏，由于准备不足又贪功冒进，最终大败而归，北魏太武帝乘胜追至长江边。宋文帝登楼北望，深悔不已。辛弃疾引用这个典故，是为了警告韩侂胄，不要像刘义隆那样好大喜功、仓促北伐，而应该做好充分的准备，避免重蹈覆辙。

"佛狸祠下，一片神鸦社鼓。"佛狸祠是北魏皇帝拓跋焘（tāo）的行宫，百姓已忘却了当年的血泪，祭拜起拓跋焘的祠庙。辛弃疾担忧再过一些年，已经习惯了被金国统治的百姓们，会彻底忘记故国，认为自己是"大金"的子民。若真如此，那将是一件多么悲哀的事情啊！通过今昔对比，辛弃疾表达了对南宋朝廷的失望和对沦陷区百姓的心痛。

"凭谁问：廉颇老矣，尚能饭否？"廉颇是战国时期赵国的名将，虽年老但仍渴望为赵国效力。辛弃疾以廉颇自比，一来担心自己重蹈廉颇覆辙，被奸人所害、被朝廷弃用；二来表明决心，自己忠心耿耿，纵使不被理解，也愿意上场杀敌，效力朝廷；三来彰显能力，自己虽然年老，但勇武不减当年，可如廉颇一般随时挂帅出征。

然而，现实是残酷的。辛弃疾感受到韩侂胄行事冒进，多有不妥之处，于是提出建议，但不被采纳，反而被降职处理。公元1207年，南宋朝廷北伐败局已定时，想要再次启用辛弃疾，然其已于当年九月病逝，再也无法挥洒他的满腔热情。1208年，南宋朝廷再次议和，和金人签下屈辱的嘉定和议，逐渐走向灭亡。

思考与启示

词中辛弃疾表达了对孙权、刘裕等英雄人物的敬仰，这启示我们应当重视历史上的英雄人物，因为他们的智慧、勇气和担当对国家和民族的发展起到了重要的推动作用。我们可以从他们的经历中汲取经验和智慧，同时也要以他们为榜样，在自己的人生道路上努力奋斗，为国家和社会的发展贡献力量。

拓展阅读

"用典达人"辛弃疾

辛弃疾的作品以擅长用典著称，在《永遇乐·京口北固亭怀古》中，他巧妙地融入了五个典故，但这并不是他用典的极限。

辛弃疾有一首词名为《贺新郎·赋琵琶》：

凤尾龙香拨。自开元霓裳曲罢，几番风月？最苦浔阳江头客，画舸亭亭待发。记出塞、黄云堆雪。马上离愁三万里，望昭阳宫殿孤鸿没。弦解语，恨难说。

辽阳驿使音尘绝。琐窗寒、轻拢慢撚（niǎn），泪珠盈睫。推手含情还却手，一抹《梁州》哀彻。千古事，云飞烟灭。贺老定场无消息，想沉香亭北繁华歇，弹到此，为呜咽。

在这首词中，辛弃疾足足用了十一个典故，几乎每句都暗藏玄机。

"凤尾龙香拨"引用的是唐代杨贵妃所用以龙香柏木为拨子的凤尾纹饰琵琶之典。

"开元霓裳曲"指的是唐玄宗在开元年间创作的《霓裳羽衣曲》，它是大唐盛世文化繁荣的一个重要象征。

"浔阳江头客"出自白居易的《琵琶行》。

"画舸亭亭"化用了前人郑文宝的咏柳诗："亭亭画舸系春潭，直到行人酒半酣。"

"记出塞、黄云堆雪"借用昭君出塞的典故抒发离愁别绪。

"辽阳驿使音尘绝"化用沈佺期诗句"十年征戍忆辽阳"。

"轻拢慢撚"化用白居易《琵琶行》中的"轻拢慢撚抹复挑"。

"推手含情还却手"化用欧阳修《和王介甫明妃曲二首》中的"推手为琵却手琶"。

"一抹《梁州》哀彻"化用元稹《连昌宫词》中的："逡（qūn）巡大遍《梁州》彻，色色《龟兹》（qiūcí）轰陆续"。

"贺老定场"指唐代著名琵琶高手贺怀智，据说他弹琵琶时，全场为之安静无声。

"沉香亭北繁华歇"化用了李白写杨贵妃的诗《清平调》中的"解释春风无限恨，沉香亭北倚阑干"。沉香亭是唐玄宗与杨贵妃赏花之处，曾是繁华与欢乐的象征。

卜算子·咏梅

> 零落成泥碾作尘,只有香如故。
>
> （选自《宋六十名家词·放翁词》）

如果用四个字概括陆游的家世,大概就是"名门望族"。高祖陆轸(zhěn)是宋真宗大中祥符年间进士,官至吏部郎中;祖父陆佃(diàn),师从王安石。

书香名门,陆游的才情之高自不待言,十二岁即能为诗作文。凭借祖上的恩荫,陆游补授登仕郎。后来参加锁厅试时,陆游轻松拔得头筹,当时秦桧的孙子位居陆游之下,秦桧险些降罪于主考官。第二年,陆游参加礼部考试,主考官又把陆游的名字排在前列,秦桧公然将他除名。自此,陆游的仕途陷入了荆棘之中。

直至秦桧死后,陆游才有机会在朝堂上获得一席之地。深受家庭中爱国思想熏陶的他满怀报国热情,屡屡上书劝诫皇帝严于律己,不可随意加封王爵。上书被采纳后,陆游终于在仕途上获得认可,被升为大理寺司直兼宗正簿,负责司法事务。

孝宗即位后，有人举荐陆游擅长诗词文章，熟悉典章制度，于是孝宗召见陆游，并赐他进士出身。陆游趁机进言："陛下刚刚即位，正是发布诏令来取信于民的时候，然而官吏将帅们对诏令全都轻慢忽视，应当选取其中特别抵触诏令的人，予以公开惩处。"大概就是此时，陆游已遭人忌恨。

后来，有人指责陆游结交官员，煽动是非，皇帝大怒，陆游被免官回家。到乾道六年（1170年），陆游入蜀，任夔州通判。过了两年，他又入四川宣抚使王炎幕府，投身军旅。《卜算子·咏梅》大概就写于此时。

卜算子·咏梅
[宋]陆游

驿外断桥边，寂寞开无主。已是黄昏独自愁，更着（zhuó）风和雨。

无意苦争春，一任群芳妒。零落成泥碾作尘，只有香如故。

驿站外的断桥边，梅花寂寞地开放，孤孤单单，无人来欣赏。暮色降临，梅花无依无靠，已经够愁苦了，却又遭到了风雨的摧残。

梅花并不想费尽心思去争艳斗宠，对百花的妒忌与排斥毫不在乎。即使花瓣凋零被碾作尘泥，也依然有永久的芬芳留在人间。

陆游一生在仕途上屡遭排斥，怀才不遇。金兵攻城，南宋朝廷分为"主和派"和"主战派",陆游是坚决的"主战派",因此遭到主和派的排挤与打压。从这首词中,我们不难看出陆游报国无门的苦闷和孤寂的心情。

一生挚爱梅花的陆游以梅花暗喻自己,托物言志,以梅花傲然不屈的品格来象征自己虽一生坎坷却坚贞不屈。

这首词的上阕描写梅花的困难处境:"驿外断桥边,寂寞开无主。"梅花开在郊外驿站旁破败不堪的断桥边,备受冷落,犹如词人自己一般,不在金屋玉堂,而在野外残桥,一生从未一帆风顺,总是风雨飘摇。

"已是黄昏独自愁,更着风和雨",陆游用了拟人的手法,描写梅花在黄昏里独处,愁苦不堪。梅花自然不会有情绪,但陆游将人的情绪赋予梅花,以此形容自己的精神状态。不仅如此,梅花还要经受风雨的摧残,这种内外交困的境遇将梅花的不幸推向了极致,同时也是陆游本人的人生写照。

而下阕的开端则是将陆游自己的志向寄托在梅花之上。"无意苦争春,一任群芳妒。"从来没有想过与百花一起在春天争奇斗艳的梅花,在苦苦熬过一个寒冬之后迎来了春天,却仍然无法摆脱百花的嫉妒。"群

芳"既是争奇斗艳的百花，也暗喻朝堂之上争权夺利的小人，既无法改变，便任由他们嫉妒。这两句借由梅花展现出了陆游的品格和傲骨。

最后一句"零落成泥碾作尘，只有香如故"则将梅花的一生推向了高潮，进一步凸显了梅花的傲骨与品格。纵然零落成泥，纵然化为尘土，也要将香味留在人间。

一首咏梅，全篇不见一个"梅"字，却处处展现梅花的神韵。词中所写的梅花，正是词人独立不倚、坚贞不屈的人格象征。

陆游一生致力于抗金斗争，即使遭遇挫折，也从未改变过自己的初心和志向。晚年退居家乡，但收复中原的信念始终不渝。临终前，陆游写下绝笔诗《示儿》，"死去元知万事空，但悲不见九州同。王师北定中原日，家祭无忘告乃翁。"在生命的最后时刻，他仍不忘国家的统一大业，满腔爱国之情凝聚成此诗，作为遗训留给后世子孙。

思考与启示

词中的梅花"无意苦争春，一任群芳妒"，展现出一种不与百花在春天争艳的超脱姿态。这启示人们在生活中不要随波逐流，盲目追求世俗所看重的功名利禄。我们应当保持独立思考，坚守自己内心真正认同的价值观和追求，不为外界的喧嚣和纷扰所动摇，就像梅花一样，在属于自己的季节和环境中默默绽放，有着自己的坚守和追求。

拓展阅读

花中四君子

　　梅花在严寒的冬日绽放，傲雪凌霜，不惧风雪，这种在恶劣环境中独自开放的特性使其成为坚韧不拔的精神的象征。"不经一番寒彻骨，怎得梅花扑鼻香"这句诗深刻地体现了梅花所蕴含的坚韧品质。在古代文人眼中，梅花就如同君子一般，坚守节操，不与世俗同流合污，因而被推为"花中四君子"之首，象征着高洁、坚强和不屈的品格。王冕也曾在自己的墨梅图上题诗："吾家洗砚池头树，个个花开淡墨痕。不要人夸好颜色，只留清气满乾坤。"借梅花表达自己不慕虚荣、坚守清正的品质。

　　兰花通常生长在幽静的山谷溪边，不与百花在繁华之地争艳，体现出一种不慕虚荣、宁静致远的精神。兰花的香气清幽淡雅，如同君子的品德，默默地散发芬芳而不张扬，这也代表了一种内在的、含蓄的美，是古代文人所追求的高尚品质，象征着君子的高雅、纯洁和淡泊名利。郑板桥喜爱画兰花，体现出他对兰花高雅气质的理解和对君子品格的赞美。

　　竹子中空外直的形态，代表着虚心的品质，它提醒人们要保持谦逊的态度。同时，竹子节节向上生长，寓意着不断进取、积极向上。而且，竹子在风雨中依然能够屹立不倒，体现出坚韧不拔、刚正不阿的气节，与君子的气节相契合。魏晋时期的竹林七贤，他们常聚竹林清谈、饮酒、放歌、作诗，展现出超脱世俗的气节和对自由的追求。

　　菊花在秋季开放，此时百花凋谢，唯有菊花能在寒霜中绽放出绚丽的花朵。它在逆境中坚守自我的特性，象征着不畏艰难、坚持操守的精神。同时，菊花寓意长寿，因为它于秋风萧瑟、百花凋零的秋季开放，花期长，生命力旺盛，古人便联想到长寿与坚韧。在中国古代文化中，菊花也是隐士的象征，陶渊明的"采菊东篱下，悠然见南山"，使菊花与隐居生活紧密相连。

《乐府雅词》

现存最早的宋人编选的宋词总集

关于作品

《乐府雅词》：宋曾慥（zào）编，现存最早的宋人编选的宋词总集。正集三卷大体按时间顺序收录了欧阳修、张先、王安石等三十四家词人的七百二十三首词作，《拾遗》二卷则收录了另外一百七十一首词作。曾氏选词以"雅"为尚，"涉谐谑，则去之"，故名"雅词"。这本书在宋人词选中有着特殊重要地位，尤以卷首所存"转踏""大曲"等为研究乐律之瑰宝，也是研究唐宋歌舞曲的重要资料。两宋词人作品多赖此书得以流传下来。

关于作者

曾慥（？—1155）：宋道教学者。字端伯，自号至游子，晋江（今属福建）人。家中藏书丰富，学识广博，勤于纂辑，编有《乐府雅词》《类说》等。又广辑道教各家学说及方术（主要为丹道和气法），摘要编撰《道枢》四十二卷，收入《正统道藏》太玄部。

如梦令·常记溪亭日暮

争渡,争渡,惊起一滩鸥鹭。

(选自《乐府雅词·卷三》)

在中国古代文学史上,著名的女性作家有班昭、蔡琰、左棻(fēn)、薛涛、魏夫人、朱淑真、李清照等,其中以李清照的作品流传最多最广,成就也最高。

李清照的父亲李格非是北宋有名的古文家,进士出身,官至提点刑狱、礼部员外郎,是苏轼的学生,也是"苏门后四学士"之一。李清照的母亲是状元王拱辰的孙女,具有很高的文学修养。在这样的家庭环境中,李清照自幼便受到良好的文学熏陶,聪慧颖悟,擅长诗文,通晓音律。

少女时期的李清照生活无忧无虑、快乐自在。她的《如梦令·常记溪亭日暮》便创作于这一时期。

如梦令·常记溪亭日暮
[宋]李清照

常记溪亭日暮，沉醉不知归路。兴尽晚回舟，误入藕花深处。争渡，争渡，惊起一滩鸥鹭。

常常记起在溪边的亭子游玩直到太阳落山的时候，沉醉在美景之中忘记了回家的路。一直玩到尽兴才乘舟返回，却不小心进入了荷花深处。奋力把船划出去，划船声惊起了一群鸥鹭。

当时，李清照随家人来到汴京，这里是北宋都城，文化繁荣、经济发达，为李清照的创作提供了丰富的素材和广阔的视野，也让她有更多机会与文人雅士交流并参与各种文化活动。

这时的李清照身居闺中，生活悠闲自在，有大量时间和精力去回忆往昔的美好时光。她时常会想起年少时在家乡的游玩经历，那些无忧无虑的日子、与伙伴们一起在溪边亭中嬉戏的场景，在她的脑海中不断浮现，使得她诗兴大发，从而创作出了这首流传千古的小令。

词的开篇点明了这是一段时常被李清照记起的出游经历，时间是日暮时分，地点在溪边的亭子里，"沉醉"二字生动地描绘了李清照当时因陶醉于游玩而忘却归途的状况，生动地表现出了游玩时的尽兴与畅快。

接着,"兴尽晚回舟,误入藕花深处"承接上文,游兴尽了之后,天色已晚,李清照开始乘船返回,却因醉酒而不小心将船划进了藕花深处。"误入"一词既写出了不经意与懵懂,又描绘出了一幅美丽的画面:在盛放的荷花丛中,一叶扁舟缓缓前行,舟上是意犹未尽的少女,人与景相互映衬,充满了诗意与情趣。

然后连续两个"争渡",生动地表现出了李清照急于从藕花深处划出、找到正确道路的焦急心情。而正是这一番争渡,却意外地惊起了一滩鸥鹭,它们扑腾着翅膀飞起,打破了原本的宁静,为整个画面增添了一份动态之美和生机活力,也将此次游玩的乐趣推向了高潮。

宋建中靖国元年(1101年),十八岁的李清照与二十一岁的太学生赵明诚在汴京成婚。夫妻二人志趣相投,都爱好金石书画的搜集整理,李清照在《金石录后序》中说:"每朔望谒告出,质衣取半千钱,步入相国寺,市碑文果实归。"看到喜欢的字画,两个人就算把衣服当了也要买回来,然后带着从相国寺市场买回的碑文、果实回家,一边赏玩碑文,一边品尝果实。

崇宁元年(1102年),李格非被指为"元祐奸党",随后被罢免职位。赵明诚的父亲赵挺之则受到提拔,李清照请求公公为父亲求情无果,李格非只能返回原籍。次年,朝廷下诏禁止元祐党人的亲属居于京城,李清照被迫离开京城,回到原籍投奔父母,与赵明诚分离。

大观元年(1107年),蔡京重新担任宰相,赵挺之被罢免职务,仅五天后就因病去世。随后,赵挺之在京城的家属亲眷都被逮捕入狱。虽然最终因无确凿证据被释放,但已难以在京城生活。李清照最终跟随赵家人一同前往青州生活。

　　虽然生活清贫，但李清照和赵明诚立下志向，即使节衣缩食，也要游遍边远偏僻地区，搜集天下的古文奇字。通过亲友故旧，他们借来朝廷馆阁中收藏的罕见珍本秘籍进行抄写记录。遇到名人书画、珍奇文物，必出重金购买，甚至不惜"脱衣市易"。渐渐地，二人所收藏的商周彝器和汉唐石刻拓本日益丰富。在李清照的协助下，政和七年（1117年），赵明诚大体上完成了《金石录》的写作。

　　建炎元年（1127年），赵明诚的母亲去世，赵明诚需南下奔丧。李清照整理行李，因行李过多无法全部携带，只能舍弃部分书籍和藏画等物品。同年十二月，金兵攻破青州，两人在青州老家所藏均化为灰烬。建炎三年（1129），赵明诚因在江宁兵变中处置不力被罢免，不久后染病去世。李清照悲痛万分，强打起精神安葬了赵明诚，自己也大病一场。

　　三年后，尝尽人生辛酸的李清照在精神恍惚之际遇到了比自己小很多的张汝舟。张汝舟听说李清照有很多藏品，便巧言骗婚。婚后，张汝舟发现李清照并无多少私产、文物，便对她谩骂、拳脚相加。痛苦中的李清照发现张汝舟有营私舞弊、虚报科举考试的次数骗取官职等罪行后，果断向官府检举。经官府查实，张汝舟被开除公职并发配至柳州，李清照的离婚要求也获得批准。但按照宋代律法，妻子告发丈夫也要判处两年牢刑。好在赵明诚的远亲奔波搭救，李清照最终仅被关押了九天就被释放。

　　绍兴四年（1134年），李清照完成了《金石录后序》的写作。同年十月，前往金华躲避战乱。在此期间，她写成《打马图经》并

《序》，又作《打马赋》，还作了《武陵春》一词，感叹自己辗转漂泊、无家可归的悲惨身世。绍兴二十五年（1155年），李清照在孤苦中离世。

思考与启示

我们应当珍惜生命中的美好时光，用心去体验和感受每一个精彩的瞬间。无论是与朋友相聚、外出游玩，还是沉浸于自己热爱的事物中，都要全身心地投入，让这些经历成为我们珍贵的回忆。不要因为忙碌或其他琐碎之事而忽略了生活中的美好，因为这些美好时光正是构成我们幸福人生的重要元素。

拓展阅读

古代娱乐游戏

李清照一生最大的爱好之一就是"打马"，她一度在颠沛流离的生活中写成《打马图经》和《打马赋》。那么，"打马"究竟是什么呢？

"打马"是一种类似"双陆"的古代博戏。"双陆"在魏晋南北朝时期由西域传入中原，由棋盘和棋子组成。棋盘左右各有六路，棋子称作"马"，黑白各十五枚。两人对弈时，根据骰（tóu）子即色（shǎi）子的点数将自己的棋子从棋盘的起点移动到终点，白马从右到左行进，黑马反之，先出完者获胜。"打马"也有棋子和棋盘，玩家各有若干棋子，从起点出发，掷骰子，按照骰子的点数行棋，最先把自己的全部棋子走到终点者为胜。但"双陆"的参与者通常为二人，"打马"则突破了这一限制，最多时可以有五人参与一局棋，由此可以将"打马"理解成一种多人版的"双陆"游戏。

　　李清照的《打马图经》中详细介绍了打马游戏的规则、玩法，包括棋盘的布局、棋子的走法、得分的计算等，还列举了当时社会上流行的二十多种游戏方式，并对它们进行了评价。她认为打马和彩选是比较雅致且难度较高的闺房雅戏，在一定程度上反映了宋代女性的精神风貌和文化追求。

　　除打马之外，古代还有很多娱乐游戏，如投壶、六博、蹴鞠、马球、捶丸、木射、斗蟋蟀等。